Angelika-martina Lebéus · *Wenn Kinder malen*

Angelika-martina Lebéus

Wenn Kinder malen

Kinderbilder und was sie uns sagen

BELTZ

Lektorat: Manuela Runge
Herstellung: Iris Müller
Umschlaggestaltung: Federico Luci, Mailand
Umschlagphoto: Anne Zembsch
Satz: Satz- und Reprotechnik, Hemsbach
Druck und Bindung: Druckhaus Beltz, Hemsbach
Printed in Germany
ISBN 3-407-85726-8

Inhalt

Dank

Ich bedanke mich bei allen Kindern, die mir ihre Zeichnungen und Bilder überlassen haben und damit zum Gelingen dieses Buches beitrugen.

Besondere Inspirationen verdanke ich meinen beiden Töchtern Cosima und Verena. Sie haben mich malfreudig immer wieder am Entstehen neuer Bilder teilnehmen lassen und erschlossen mir durch ihre Bildkommentare kindliche Sichtweisen von der Welt.

Schon Jahre zuvor, als ich mit behinderten Kindern zusammen in einer Heimfamilie lebte, hatte ich eine Sammlung von Zeichnungen und Bildern angelegt. Bereits damals faszinierte mich die Ausdruckskraft der kindlichen Bildersprache.

Hinzu kamen nun die Bilder meiner Kinder und die ihrer Freunde aus der Nachbarschaft und dem Kindergarten. Ich bemerkte, daß die Kinder unabhängig voneinander – ohne daß jemand sie ihnen beigebracht hatte – in ähnlicher Reihenfolge und Intensität bestimmte Symbole und Zeichen benutzten. Die zeichnerischen Gestaltungskräfte und die menschliche Gesamtentwicklung schienen beziehungsvoll miteinander verwoben. Plötzlich wirkten die Kinderzeichnungen auf mich wie eine allgemein-menschliche Handschrift. Aus dieser Entdeckung heraus entstand die Idee zu dem vorliegenden Buch.

Die Phantasie ist wie ein Vogel,
der auf leichten Schwingen
über den Erfahrungen des Alltags kreist.

Einführung

Die Kraft, in das Leben zu wachsen

Wenn ein Kind geboren wird, empfinden die meisten Menschen ein Gefühl der Rührung. Es ist wie ein fernes Erinnern an die Zeiten, da man selbst ein Kind zur Welt brachte, ja selbst ein Kind war. Gedanken an die eigenen Anfänge, oft verschüttet und unter einem Wust von Lebenserfahrungen verborgen, steigen auf. Manche Erlebnisse aus der eigenen Kindheit treten, blitzartig beleuchtet, vor das innere Auge.

Wer mit Kindern zusammen ist, erlebt es, wie er immer wieder mit seiner eigenen Kindheit konfrontiert wird. Wenn wir uns darauf einlassen, gewinnen wir neue Einsichten in das eigene Leben und manchmal auch ein erweitertes Bewußtsein davon, wer wir als Kinder waren.

Dann werden wir verstehen, daß Kinder nicht funktionieren wie Erwachsene, daß der kindliche Verstand anders vorgeht als der erwachsene.

Kleine Kinder haben noch kein Wissen von der Welt. Es erwächst ihnen erst aus der täglichen Erfahrung.

Während seiner ersten sieben Jahre muß das Kind eine umfassende körperliche, geistige und seelische Entwicklung durchlaufen, damit es fähig wird, von sich selbst abzusehen und sich anderen Menschen und Dingen zuzuwenden. Soweit muß ein Kind innerlich und äußerlich herangereift sein, um dann an der Schule und am Lernen Freude zu finden.

Die wichtigste Erziehungsaufgabe der vorschulischen Kinderzeit besteht darin, dem Kind dabei zu helfen, sich selbst und den eigenen Kräften zu vertrauen. Das Kind soll darauf bauen können, daß seine Existenz bedeutsam ist, jetzt und später. In ihm müssen die Grundsteine dafür gelegt werden, daß es den Sinn seines Lebens irgendwann finden kann. Positive Gefühle, Phantasie und Kreativität verleihen dabei als innere Kräfte dem Menschen Mut und Hoffnung zur Bewältigung des Lebens.

Nun gilt es in den ersten, überaus wichtigen Lebensjahren des Kindes, diese Grundsteine fest zu verankern, damit sie sich zu haltbaren Pfeilern aufbauen können.

Um dieser Aufgabe gerecht zu werden, müssen wir als erwachsene Menschen uns umorientieren, zeitweise in die Haut des Kindes schlüpfen und Verständnis dafür gewinnen, daß die rationale Erkenntnis vom Leben im Kind erst ganz langsam heranreift. Wir müssen mehr loben als erklären, mehr Beispiel geben als ermahnen, mehr uns selbst erziehen als am Kind erziehen, mehr wahrnehmen und zuhören als lautredend Vorschriften machen. Wir müssen erkennen, wie es dem Kind ergeht, wo es sich freut, wo es leidet, was es an nicht-materiellen Zuwendungen von uns braucht.

Über all das gibt uns das Kind unbewußt Auskunft. Es informiert uns über die Schritte auf seinem Entwicklungsweg auf vielerlei Weise. Es beherrscht noch kaum die Sprache, aber dennoch äußert es sich: durch Gefühlsausbrüche, durch die Art seines Spiels und ganz besonders mittels seiner kindlichen Zeichnungen und Malereien. Sie sind Ausdruck seiner innerseelischen Befindlichkeit und ein Gradmesser für seine geistig-seelische Entwicklung.

Was es nicht in Worten ausdrücken kann: einen Zustand körperlichen Wohl- oder Unwohlseins, die Angst vor bösen Träumen, vor Tigern und Ungeheuern, Verzweiflung und Einsamkeit, Freuden und Wünsche, all das findet sich in den Zeichnungen kleiner Kinder, wenn sie unbeeinflußt von der Anwesenheit Erwachsener erstellt werden.

Allzu viele Menschen meinen, einem Vorschulkind das Malen beibringen zu müssen. Dabei übersehen sie, daß das bildnerische Gestalten ebenso einem Entwicklungsprozeß unterliegt wie die Entwicklung des Kindes an sich.

Beide sind miteinander verwoben. So wie das Kind altersmäßig fortschreitet, so wie sein Körper und seine Seele sich mehr und mehr formen, so werden auch seine Zeichnungen geformter und Gegenständlichkeiten mehr und mehr erkennbar. Im Verlauf dieses Prozesses erweitert das Kind seine eigenschöpferische Ausdrucksfähigkeit, es verfeinert seine Handgeschicklichkeit und es entwickelt persönliche Methoden des Ausgleichs in problematischen emotionalen Situationen.

Den Etappen vom Kleinkind zum Schulkind entsprechen bestimmte Perioden des Zeichnens, in denen die jeweiligen Entwicklungsstufen ihren Niederschlag und Ausdruck finden. Dabei gerät die Intensität, mit der ein Entwicklungsabschnitt erlebt wird, von Kind zu Kind verschieden. Von daher läßt sich die unterschiedliche Dauer von zeichnerischen Epochen verstehen. Manches Kind malt ein bestimmtes Motiv über Jahre immer wieder, während ein anderes sich diesem Motiv nur einige Tage oder Wochen zuwendet. Auch der individuelle Charakter, die leibhaftigen Erfahrungen und das Interesse eines Kindes spielen dabei eine Rolle.

Sicher ist jedoch, daß alle Kinder sich zu Beginn verschiedener Fertigkeiten weltweit auf die gleiche Weise verhalten. Der Beginn der Sprache setzt überall auf unserem Planeten mit dem Lallen ein. Das erste Lallen ist weder an spezifisch ethnische Sprachformen gebunden noch an die verbale Ausdrucksweise eines bestimmten Volkes.

Ebenso verhält es sich mit der Bildersprache kleiner Kinder. Überall auf der Welt beginnt die frühe Phase des kindlichen Zeichnens mit dem »Kritzeln«.

In unserem Kulturraum verdichten sich gegen das dritte Lebensjahr hin die Kritzelstrukturen zu phantasievollen Formen, die das Kind zuweilen inhaltlich kommentiert. Und schließlich ab dem fünften Jahr, also in der fortgeschrittenen Kindergartenzeit, geht das Kind dazu über, ein Bild bewußt zu malen. Es plant ein Motiv, legt sich Stifte und Papier zurecht und arbeitet regelrecht mit Farben, Formen und Mustern. Wird diese Tätigkeit intensiv ausgeübt, dann bedeutet sie für das Kind eine wirkliche Anstrengung.

Die hohe zeichnerische Produktivität nimmt gegen das siebente bis zehnte Lebensjahr hin ab. Man hat das Gefühl, dem Kind fällt das Malen nun schwerer, es sitzt nicht mehr unbekümmert und von spontanen schöpferischen Impulsen gedrängt vor seinem Papier. Es beginnt vorgegebene Strukturen auszumalen (Malbücher) oder nachzumalen oder durchzupausen.

Über die eben kurz angeschnittenen Stufen der zeichnerischen Tätigkeiten eines Kindes geben die einzelnen Kapitel dieses Buches eingehendere Auskunft. Hier sollten sie nur insoweit erwähnt werden, als ihre Existenz vermuten läßt, daß es sich bei den zeichnerischen Aktivitäten kleiner Kinder um den Ausdruck lebenswichtiger Prozesse handelt. Die Bilder vermitteln den Erwachsenen Botschaften über die jeweilige Befindlichkeit des Kindes.

Doch wie soll es gelingen, diese Botschaften zu entziffern?

Das vorliegende Buch wurde geschrieben, um Eltern und Erwachsenen, die mit Kindern umgehen, Hilfestellung bei der Entschlüsselung der kindlichen Bildersprache zu geben.

Ein weiteres Anliegen besteht darin, daß Eltern und Erzieher mehr Vertrauen in die Selbstentwicklungskräfte eines Kindes gewinnen mögen. Lassen wir doch das Kind aus sich heraus zeichnen, ohne ihm vorzuschreiben, wie ein Haus, ein Auto oder ein Mensch auf dem Papier auszusehen haben. Versuchen wir doch, anstatt seine zeichnerische Aktivität zu reglementieren, uns zu öffnen für das, was ein Kind mit seinen Bildern auszudrücken vermag. Erinnern wir uns der eigenen Kindheit und ihrer zeichnerischen Epochen. Viele Erwachsene haben als Kinder sehr gerne und ungestört gemalt. Mancher besitzt sogar noch einige »Werke« aus seiner Vorschul- oder Schulzeit.

In den ersten sieben Jahren geht es nicht darum, daß ein Kind mit seinen Zeichnungen eine künstlerische Leistung vollbringt (wenngleich dies auch oft genug geschieht). Vielmehr sind die Zeichnungen und Bilder als eine Autobiographie aufzufassen, die Auskunft über das Werden und Wachsen dieses Menschen gibt. Die Kraft, mit der ein Kind wird und wächst, ist es auch, die ihm die Hand führt bei seinem Kritzeln und Malen.

Die Zeichnungen sind nicht in erster Linie Leistungen, sondern Äußerungen. Das gilt es zu verstehen! Was unsichtbar im Kind geschieht während seiner vorschulischen Lebensphase, findet seine Entsprechung in den Bildern. Das Kind und seine Bilder sind ein Ganzes. Jedes Bild erzählt vom Kind. Wenn wir seine Bilder manipulieren, erfahren wir nichts von ihm selbst, seine Wirklichkeit bleibt uns verschlossen.

Kinderbilder sind eine Sprache, die wir verstehen lernen können.

Am Anfang der menschlichen Schrift standen die Hieroglyphen. Das ist eine Art Bilderschrift, die von den altägyptischen, altkretischen und hetitischen Menschen benutzt wurde. Sie ist noch heute nicht völlig entzifferbar und gibt uns manches Rätsel auf.

Genauso ergeht es uns mit der Bilderschrift der Kinder. Manches ist schwer lesbar, anderes bleibt unverständlich, aber immer zieht sich wie ein »roter Faden« die Darstellung bestimmter Formen und Motive durch die frühkindlichen Zeichnungen. Mit ihnen will dieses Buch bekanntmachen. Und es will dazu anregen, kindliche Zeichnungen unbefangen wahrzunehmen.

Die Kinderzeichnungen in diesem Buch können zur Entzifferung der kindlichen Bildersprache beitragen. Aber darüber hinaus sollen sie auch einen Eindruck von der Schaffensfreude, von der Farbenliebe und Experimentierlust kleiner Kinder vermitteln: von ihrer Kraft, ins Leben zu wachsen.

Das Kritzeln – ein schöpferischer Impuls

Zwischen dem ersten und dem zweiten Lebensjahr erwirbt das Kind immer mehr Geschick darin, seinen Körper aufzurichten und ihn im Gleichgewicht zu halten. In dieser Zeit malen die meisten Kinder auch ihr erstes Bild, denn nun sind die anatomischen Voraussetzungen für diese Tätigkeit vorhanden.

Diese ersten sind keine bewußt gestalteten Bilder, sondern meist aus einem starkem Drang zur Nachahmung entstandene Zeichnungen. Kinder, in deren Umgebung die Erwachsenen häufig mit Papier und Stiften umgehen, beginnen eher mit einer zeichnerischen Tätigkeit als jene Kinder, die zum Umgang mit diesen Utensilien nicht angeregt werden.

Doch wann immer Kinder zum ersten Mal einen Stift benutzen, beginnen sie mit Kritzelbildern.

Kinder, deren körperliche oder geistige Entwicklung langsamer voranschreitet, verweilen hingegen längere Zeit in den einzelnen Zeichenphasen. Für diese Kinder verschiebt sich der Zeitraum gegenständlicher Bildgestaltung altersmäßig nach oben.

Viele Kinder beginnen bereits vor dem siebenten Jahr mit differenzierten Illustrationen zu bestimmten Ereignissen (z.B. Weihnachten oder Urlaub), bei anderen Kindern setzt diese Phase des Zeichnens erst nach der Einschulung ein. Das körperliche, geistige und seelische Wachstum ist aufs engste verwoben mit den Phantasien und kindlichen Gestaltungskräften, unabhängig davon, ob es sich um ein gesundes oder behindertes Kind handelt. Zahlreiche behinderte Kinder entwickeln dieselben Symbole und Zeichen der frühkindlichen Bildersprache. Daraus läßt sich schließen, daß es sich bei der Kritzelphase mit anschließender Herausbildung bestimmter geometrischer Figuren um eine ererbte kulturelle Grundlage handelt, welche allen Menschen gemeinsam ist. Deshalb werden zur Illustration in diesem Buch Malblätter gesunder und behinderter Kinder verwendet. Weitere Anmerkungen zu dieser Thematik finden sich im letzten Kapitel des Buches.

Kritzelbilder sind Zeichnungen ohne Inhalte. Sie haben kein gegenständliches Thema oder Motiv. Kinder dieser Altersstufe haben noch kein Bewußtsein von einem Gestaltungsprozeß, in dessen Verlauf ein Bild entsteht. Kleinkinder können weder zuvor angeben, was sie malen, noch können sie nach Fertigstellung der Zeichnung erklären, was sie gemalt haben. Sie zeichnen nicht um eines Motives oder Auftraggebers willen, sondern einzig weil ihnen die Bewegtheit des Zeichnens Freude bereitet. Das Kind macht auf dem Papier mit seinem Stift bestimmte rhythmische Bewegungen sichtbar, beispielsweise gerade Linien, die von Kante zu Kante des Malblattes hin- und herschwingen und seinen Raum ausmessen. Oder kreisende Linien, die sich zum Knäuel oder Wirbel oder Punkt verdichten. Oft wird das Blatt Papier nicht als Begrenzung der Schaffensfreude empfunden, die Unterlage und der Tisch werden schwungvoll mitbemalt.

Daß Bilder aus dieser Kritzelphase von Erwachsenen so gering eingeschätzt werden, liegt neben der Nicht-Gegenständlichkeit sicher auch daran, daß diese »Werke« ihren Schöpfern nichts zu bedeuten scheinen.

Kleine Kinder hängen nicht an ihren Kritzeleien. Wenn der zeichnerische Impuls abgeklungen und das Bild somit beendet ist, wendet das Kind sich ab und hat das Bild sogleich vergessen. Es zeigt keine dem Stolz oder der Leistungsfreude ähnlichen Reaktionen gegenüber seinen Zeichnungen. Oft zerreißt es die bemalten Blätter oder verwendet sie zu anderen Spielen.

So scheinen diese Bilder wertlos zu sein, weil sie weder für das Kind noch für den Erwachsenen etwas darstellen.

Wenn wir ein zweijähriges Kind beim Malen betrachten, fällt die Intensität auf, mit der das Kind diese Tätigkeit ausübt. Es läßt auf seinem Blatt Papier in zwei bis drei Minuten ein Bild entstehen. Dabei benutzt es nacheinander die bereitliegenden Stifte, begnügt sich aber ebenso mit einem einzigen Bleistiftstummel. Mit Vorliebe malen Kinder dieses Alters auf größere Flächen, also auf die Tapete, den Fußboden oder die Möbel.

Die Kritzelbilder entstehen aus dem Impuls zur Bewegung. Man könnte sie als Spiegelbilder körperlicher Motorik verstehen.

Doch darüber hinaus sagen sie noch mehr. Das Kind zwischen dem ersten und fünften Lebensjahr ist überaus offen für rhythmische und wiederkehrende Bewegungsabläufe in seiner näheren Umgebung. Tag und Nacht, Wachen und Schlafen wechseln sich ab, zu gewissen Zeiten wird gegessen, zu anderen wird spazierengegangen und gespielt oder gefeiert. Mit wachen Sinnen erlebt das kleine Kind wiederkehrende Lebensvorgänge in seiner Umgebung und bei sich selbst. Das Kind weiß aber rein intellektuell nichts von der Eigenart dieser Geschehnisse. Es lebt vorerst reflektionslos in der rhythmischen Bewegtheit des Lebens, und genau diesen Zustand seines Daseins bringt es in Form von Kritzelbildern zu Papier.

So gesehen sind diese Kinderzeichnungen nicht mehr länger bedeutungslos. Sie sprechen zum Erwachsenen davon, wie ein Kind sich als lebendig und in einen Rhythmus eingebunden erlebt.

So, wie es endlich auf seinen zwei Beinen aufrecht durch die Welt laufen kann – ohne Ziel, nur dem Bewegungsdrang nachgebend –, so zeichnet es auch. Man kann sich vorstellen, das Kind wäre die Linien auf dem Papier mit den Füßen gelaufen. Laufen, Räume durcheilen, sich auf krummen und geraden Linien hin- und herbewegen, dies ist das zentrale Erlebnis eines zwei- bis dreijährigen Kindes auch auf dem Malblatt.

Mit der Zeit wird das Kind gewahr, wie aus dem

Impuls zur Bewegung auf dem Papier *etwas* entsteht. Seine Eltern nennen es: ein Bild.

Es genügt nicht, diese Malereien als rein motorische Kritzeleien anzusehen, die einzig davon sprechen, daß ein Kind nun aufrecht gehen kann, daß seine Hand- und Armmuskulatur in der Lage sind, einen Stift zu halten und übers Papier zu führen. Es gibt noch jenen anderen, bereits angedeuteten Aspekt einer allgemeinmenschlichen Kulturrevolution.

So wie jedes Kind weltweit mit Kritzelbildern seinen ersten schöpferischen Impulsen Gestalt verleiht, so gibt es auch Anzeichen einer allgemeinen menschlichen Kritzelepoche. Die archetypischen (urbildlichen) Zeichen und Symbole werden im nächsten Kapitel vorgestellt, ebenso wie die frühkindlichen Zeichnungen, in denen wir diese Urformen des Schrift- und Kunstwerkes wiederentdecken können.

Da Kritzelbilder weder Abbilder noch Illustrationen, sondern aufgezeichnete biopsychische Bewegungen sind, ist leicht zu verstehen, daß sie keinen Bezug nehmen auf Herkunft, Religion oder andere individuelle Kulturbedingungen des Kindes. Erst zwischen dem dritten und fünften Lebensjahr gewinnen soziokulturelle Faktoren (ethnische Zugehörigkeit, Religion, Geschlecht, geographische, historische, tagespolitische und soziale Situationen) zunehmend Einfluß und überlagern die frühkindlichen Bildelemente.

Wenn wir die Kinderzeichnungen aus der Kritzelphase eingehender betrachten, erkennen wir um das erste bis zweite Lebensjahr herum vorsichtige Schlängellinien oder Striche auf dem Malblatt. Dieses wird noch nicht bewußt vollgemalt, häufig zeichnet das Kind nur am Rande oder in der Mitte des Blattes.

Die vorsichtigen Kritzelbewegungen werden bald kräftiger und verlaufen deutlicher linear oder gebogen (Abb. 1). In der *Krummen* und der *Geraden* findet das Kind die beiden Prinzipien aller Schreib- und Zeichenkunst. Alle Schriften, alle Ornamentik, alle Malkunst beruht auf diesen beiden Bewegungen.

Die Gerade schwingt sich horizontal, vertikal und quer wie nicht enden wollend über den weißen Raum des Malblattes. So entstehen die ersten unwillkürlichen Kreuzungen (Abb. 2).

Die Bewegung des linearen Hin- und Herpendelns unterscheidet sich von jener schwungvoll gebogenen Linie, die sich zum wirbelnden Knäuel verdichtet (Abb. 3). Die Dynamik des Kreisens nimmt viele Kinder so gefangen, daß sie gar nicht mehr aufhören wollen mit der rotierenden Bewegung.

Mittels verschiedener Farben werden mehrfach Kreisfiguren übereinander geschichtet. Horizontalschlaufen werden zu spiralförmigen Figuren auseinandergezogen (Abb. 3).

Neben dem hin- und herschwingenden Kritzeln gerader Linien und dem rotierenden Kreiskritzeln versucht das Kind in einer dritten Form die geballte Kraft auf den Punkt zu bringen. Es haut oder drischt mit der

Spitze des Malstiftes auf das Papier. Dabei entsteht ein punktartiger Niederschlag.

Mancher Erwachsene meint nun, das Kind male den Schnee oder den Regen. Und wenn der Erwachsene zum Kind sagt: »Du malst ja Regen«, dann wird das Kind zukünftig diese Punkte auch Regen nennen. Jedoch hat es in Wirklichkeit sicher nicht daran gedacht, Regen oder Schnee zu malen. Es ist eben einfach nur einem inneren Bewegungsimpuls gefolgt, der dieses hiebartige Kritzeln zur Folge hatte.

In Abbildung 4 begegnen wir sowohl den Spuren des »Hiebkritzelns« wie auch denen des »Schwingkritzelns« und »Kreiskritzelns«. Die Schwingkritzeleien treten als blaue, lilafarbene und rot verdichtete Linien deutlich hervor. In der oberen linken Bildecke finden wir die Bewegung des Kreiskritzelns. Dabei läßt die Verbindung von Wirbelknäuel und senkrechten Linien bereits die Grundelemente der menschlichen Gestalt erahnen. Am oberen Rand in der Bildmitte finden sich zart gezeichnete, geschlossene Kreise (orange), was auf einen baldigen Abschluß der Kritzelphase hindeutet. Darauf verweist ebenfalls das deutlich formulierte Kreuz in der rechten unteren Bildecke.

In dieser Kritzelkomposition finden sich bereits Elemente der kindlichen Bildersprache, die in späteren zeichnerischen Entwicklungsphasen dominieren (Kreis, Kreuzung). Auch erscheint das Bild in gewisser Weise geordnet, vergleicht man es mit frühen Kritzelzeichnungen. Während dort die Dynamik der Bewegung vorherrscht, wirkt sie hier in gewisser Weise kontrolliert.

Beobachten wir einmal das zeichnende Kleinkind bei seiner Tätigkeit.

Es sitzt vor dem Blatt und den Malstiften (manches Kind liegt auch bäuchlings auf der Erde), greift ohne Überlegen mal zu dieser, mal zu jener Farbe und ist ganz bei der Sache. Es ist sehr wichtig, das Kind bei seiner »Arbeit« nicht zu stören. Auch gute Ratschläge darüber, was es malen und welche Farbe es benutzen soll, behindern die Gestaltungskräfte und auch bald die Schaffenslust. Am einfachsten ist es, dem Kind von vornherein nur das für sein Alter geeignete Malwerkzeug zur Verfügung zu stellen, so kann es dieses nach Lust und Laune verwenden, wann immer es will.

Kinder in dieser frühen Malphase fühlen sich überhaupt nicht zur Produktion weiterer Bilder motiviert, wenn ein Erwachsener ihnen etwas vorzeichnet mit der Maßgabe: So sieht ein Ball aus! und fordert: Mal doch mal einen Ball (ein Haus, ein Auto und anderes)! Wenn man bei dem Kind sitzt, während es zeichnet, schaut man am besten kommentarlos zu und fragt auch nichts. Wenn das Kind seine Zeichnung beendet hat, freut man sich mit ihm über das schöne Bild und über die bunten Farben. So fühlt es sich in seinem Tun bestätigt und angenommen und gleichzeitig angeregt zu neuen Zeichen- und Farbkompositionen.

Andererseits kann der Erwachsene natürlich dem Kind und sich selbst viel Freude bereiten, wenn er eine

Bildergeschichte aufzeichnet und dazu erzählt. Dieses Spiel mögen Kinder sehr, und es regt sie auch zur Nachahmung an. Jedoch darf der Erwachsene nun nicht erwarten und schon gar nicht fordern, das Kind möge ähnlich ausgewogene und realistische Bilder wie er selbst produzieren.

Die zeichnerische Entwicklung – angefangen bei den Kritzelbildern bis hin zu realistischen und künstlerisch relevanten Darstellungen – verläuft als Prozeß, der eng verbunden ist mit dem allgemeinen Wachstum des Kindes. Der Erwachsene muß dem Kind Zeit lassen für sein individuelles Wachsen. Er soll es nicht schon früh zu neuen Entwicklungen drängen. Es ist wichtig, daß ein Kind jede seiner Entwicklungsphasen ohne Zeit- und Leistungsdruck durchleben kann. In diesen Wochen und Monaten bildet es jeweils einen inneren Vorrat an phantasievollen und kreativen Vorstellungen aus, denen wir dann in späteren »Werken« staunend und verblüfft begegnen können.

Gelegentlich treten in späteren Zeichenphasen zwischen dem fünften und neunten Lebensjahr Motive aus frühen Kinderzeichnungen auf, die nun aber unzweifelhaft einem bildgestalterischen Zweck dienen. Abbildung 5 zeigt uns ein solches eindrucksvolles Beispiel. Das knapp sechsjährige Mädchen verwendet hier neben anderen Zeichen der Symbolsprache in auffallender Weise die *Krumme* und die *Gerade* zur Gestaltung seiner ornamentalen Zeichnung. Vergleicht man die Abbildung 1 und Abbildung 5 miteinander, denen doch die gleichen Urprinzipien zugrunde liegen, so läßt sich leicht der Eindruck gewinnen, daß zwischen beiden Zeichnungen Welten liegen. Während dort die unbewußt pendelnde und schwingende Bewegung das Bild gestaltet, wird in Abbildung 5 die krumme und die gerade Linie im Bewußtsein ihrer Unterschiedlichkeit bei der Gesamtkomposition verwendet. Beide Zeichnungen fungieren als biographische Momentaufnahme der jeweiligen Entwicklungsposition eines Kindes. Es sind die vom Kind durchlebten inneren und äußeren Reifungsprozesse, die den Unterschied zwischen den beiden zeichnerischen Darstellungen ausmachen. So kann es gelingen, an dem jeweiligen Bild eines Kindes sein wahrscheinliches kognitives (erkenntnismäßiges) Entwicklungsstadium abzulesen.

Die Elemente der Bilder

Der Völkerkundler Richard Karutz weist in seinem Buch »Ursprache der Kunst« darauf hin, daß sich in verschiedenen Ritzbildern früher Menschheitskulturen ähnliche Strukturen und Ornamente erkennen lassen, wie Kinder sie in ihren ersten Bildern aufzeichnen. Das würde bedeuten: In den Zeichnungen des Kleinkindes manifestiert sich neben seiner motorischen auch seine kulturelle Entwicklung. Ähnliches können wir in der Symbol- und Zeichensammlung Rudolf Kochs entdecken. In frühen Kinderzeichnungen finden sich Ähnlichkeiten mit Strukturen aus der nordischen Runensprache und mit Steinzeichnungen aus urzeitlichen Menschheitskulturen. In der Prähistorischen Staatssammlung in München befinden sich Grabstelen und Platten, denen geometrische Zeichen eingeritzt sind (Abb. 6a bis 6c).

In den Zeichnungen der Kinder formieren sich ebenfalls Dreiecke und Quadrate im Verein mit anderen Symbolen zu einer Bildererzählung oder verdichten sich zur Ornamentik. Diese geometrischen Figuren treten als Formprinzipien der Kinderzeichnung zwischen dem vierten und siebenten Lebensjahr auf.

Bevor das Kind die Dreiecksform entdeckt, findet es auf der Grundlage der Geraden das Prinzip des Quadrates. Diese beiden geometrischen Formen beherrschen phasenweise sowohl die nicht-gegenständlichen ornamentalen Zeichnungen wie auch die gegenständlich illustrativen Bilder (Abb. 7 bis 14). Alle Bilder wurden in der Zeit zwischen dem vierten und siebenten Lebensjahr von verschiedenen Kindern gemalt. Auf der Abbildung 7 ist sehr deutlich zu erkennen, wie das Kind aus der kreisrunden Form nach innen hin ein Rechteck entstehen läßt. Die gebogene Linie entwikkelt Winkel, so entsteht in der Mitte des Kreises ein Rechteck. Diese Zeichnung ist deshalb sehr interessant, weil sie die einzelnen Entwicklungsschritte von der runden zur eckigen Form demonstriert. Sicherlich hat das Kind diese ornamentähnliche Zeichnung eher unbewußt ausgeführt. Sie gibt Aufschluß über die biologische und seelisch-geistige Entwicklung.

Der zeichnerische Schritt vom Kreis zur eckigen Form eröffnet dem kindlichen Schaffen neue Ausdrucksmöglichkeiten. Die neugefundenen Formprinzipien erfüllen das Kind mit Befriedigung. Seine Zeichnungen können für die Eltern eine Bestätigung innerer und äußerer Wachstumsvorgänge darstellen.

In Abbildung 8 wurde die quadratische Form gefunden. Eine Umsetzung dieser Erkenntnis ins Gegenständliche zeigt Abbildung 9. Hier ist außerdem im oberen Fenster des linken Hauses eine netzartige Füllung zu erkennen, eine in dieser Phase häufig auftretende zeichnerische Formulierung. In dem Wasserfarbenbild (Abb. 10) werden bereits Formprinzipien ornamental kombiniert.

In einem weiteren Schritt entdeckt das Kind zwischen dem fünften und siebenten Lebensjahr das Dreieck und den spitzen Winkel. Auf Abbildung 11 sind die Pinselbewegungen deutlich zu erkennen, mit denen das Kind die Dreiecke einfaßt. Die blaue Linie empfindet trotz ihrer Rundungen die Dreiecksform nach. Mit roter Farbe wird danach ein halbkreisartiger Bogen um das rechte Dreieck geschlungen. Die blaue und die rote Linie bilden nun einen fast regelmäßigen Kreis, dessen Verkleinerung links nochmals ausgeführt wird. Die graphische Erscheinung dieser Zeichnung läßt auf eine erweiterte Bewußtseinslage des Kindes schließen. Es folgt nicht mehr allein dem spontanen Gestaltungsimpuls, sondern ordnet die Elemente auf dem Blatt.

Die Abbildungen 9 bis 14 zeigen, daß ein Kind über geometrische Schemata frei verfügt und es sie seiner Vorstellungskraft entsprechend zur Bildgestaltung verwenden kann.

Eine starke Schematisierung des Dreiecks ist auf Abbildung 12 zu erkennen. Trotz zahlreicher, lediglich durch die spitzwinklige Dachform erkennbarer Häuser ist gegenständlich nachvollziehbar, daß es sich um ein Schwarzwalddorf handelt. So benannte das Kind seine Zeichnung nach ihrer Fertigstellung. Wir finden hier eine völlige Unterordnung der Bildszene unter das Gesetz des spitzen Winkels.

Die Abbildung 13 vermittelt einen Eindruck von der Inanspruchnahme verfügbarer Zeichen und Symbole, wenn das Kind seine Vorstellungen – hier von einer Pferdekutsche – gestalterisch umsetzen möchte. Symbole des »Radkreuzes« fungieren als Räder der Kutsche, die aus einem rechteckigen Oberteil mit einem Fensterquadrat und einem aus drei Quadraten gebildeten Unterteil besteht. Die Form des Dreiecks findet sich bei den Pferdeköpfen und sehr deutlich in der Beinstellung des Zugpferdes wieder.

Dreieck, Quadrat und Kreis, diese uralten Formprinzipien, entdecken wir auch in der folgenden Kinderzeichnung (Abb. 14). Das Kind benutzt sowohl gegenständliche wie auch geometrisch-abstrakte Darstellungsweisen. Neben Mensch, Tier und Baum wird im Hintergrund mittels Rechteck, Quadrat und Dreieck die Ansicht eines Dorfes ohne unmittelbaren Bezug zur Realität formuliert. Das untere Rechteck mit den verbreiterten roten Seiten erinnert an ein Fenster mit Gardinen.

Eines der ersten Zeichen der kindlichen Formensprache, das zum Abschluß der Kritzelphase auftritt, ist die Spirale. In ihr findet das Kind ein erstes konkretes Symbol zur Bildgestaltung und Verzierung. Besonders beliebt war die Spirale als ornamentale Verzierung in der Kultur des alten Griechenland (Abb. 15). Man entdeckte sie auf keramischen Gefäßen, auf Amphoren und auf goldenem Reliefschmuck.

Diese beliebte Spiralornamentik finden wir in allen frühen Kinderzeichnungen wieder. Die spiralige Bewegung entwickelt sich aus der ungeordneten Kreisform, dem gekritzelten und verdichteten Kreis und Wirbelknäuel. Das Kind zeichnet die Spirale normalerweise stets von außen nach innen. Dieser Weg wird auf Abbildung 16 besonders deutlich. Die Bewegung schwingt in einer Kurve von außen nach innen und markiert dieses *Innen* häufig durch eine punktartige oder farbliche Verdichtung. Die Spiralform stellt eine Weiterentwicklung der ungeformten Kreisbewegung zu einer gezielten Bewegung dar. Oft führt dies zu einer beliebten gegenständlichen Abbildung, nämlich zu der einer Schnecke, die in der Regel bestehend aus einem Spiralhaus und einem Kopf mit Fühlhörnchen gezeichnet wird. Einmal hatte ich ein knapp vierjähriges Mädchen zu Besuch. Es saß länger als eine Stunde konzentriert vor einem Stapel Papier und zeichnete auf insgesamt 48 Blätter jeweils eine Schnecke.

Im Element der Spirale wird die Dynamik der endlosen Rotation gebremst und einer bewußteren Linienführung untergeordnet. Diese findet ihr Ziel in der Spiralmitte.

Bedenken wir nun die allgemeine biopsychische Entwicklungssituation, in der ein Kind sich befindet, in dessen Zeichnungen spiralige und offene Kreisformen vorherrschen. Was erzählen uns Kinderzeichnungen dieser Art? Auffallend erscheint gegenüber den zu Beginn unkontrolliert auf das Malblatt gekritzelten krummen und geraden Linien nunmehr das Hervortreten einer prägnanten Form. Die Bilder erscheinen nicht mehr in der Hauptsache motorischen Ursprungs, sondern wirken geordneter. Der verdichtete Kreis löst sich auf in gut sichtbare Linien. Diese Linien kann man als Spuren erster Denkprozesse verstehen. Das Kind ist auf dem Weg, sich selbst als eigenständiges Wesen, als Ich zu entdecken. Der Anfang dieses Weges drückt sich in der äußeren Ansatzform der Spirale aus. Von dem Erlebnis der Außenwelt spricht der weite Bogen, in dem das Kind die Kurve nach innen zu ziehen beginnt. Die verdichtete Struktur im Spiralmittelpunkt spricht hingegen vom Kind (Abb. 16). So zeichnet es unbewußt sein Erlebnis auf, der Mittelpunkt der Welt zu sein, in die es eingebettet lebt. Diese biographische Erfahrung des Kindes kann wohl von den meisten Eltern bestätigt werden. Verhält es sich denn nicht so, daß ein kleines Kind der Mittelpunkt der Familie ist? Mutter und Vater versorgen es rund um die Uhr, der Rhythmus des Tages richtet sich auf die unverzichtbaren Bedürfnisse des kleinen Kindes aus.

Aus der Mutter-Kind-Einheit herauswachsend, wird sich das Kind dieser Tatsache bewußt und vermag im Verlauf seiner fortschreitenden Entwicklung den Prozeß – hin zur Ich-Erkenntnis – symbolhaft aufzuzeichnen. Dabei stehen die Kurven der Spirale für den Weg, den das Kind als ein Wesen beginnt, das sich selbst nicht kennt. Das Kleinkind weiß nichts von sich selbst. Es verfügt noch über keine reflektierende Selbst-Erfahrung. Erst indem es Unterschiede zwischen sich und seiner nächsten Bezugsperson (meistens der Mutter) wahrnimmt, beginnt es sich als etwas anderes als die Mutter wahrzunehmen. Die Mutter versinnbildlicht für das neugeborene Kind die äußere Welt. Es lebt in einer Einheit mit ihr. Wenn die Mutter dem Kind nun eine Wunscherfüllung verweigert, was zu irgendeinem Zeitpunkt unweigerlich der Fall ist, klafft für das Kind ein Riß in der symbiotischen Beziehung. So erfährt das Kind sich selbst erstmals als etwas anderes als die Mutter. Diese Erfahrung weitet sich in unterschiedlicher Weise auch auf andere Menschen aus. Wobei das Kind in kleinen Schritten immer näher an die Erkenntnis gelangt, daß es ein eigener Mensch, ein Ich ist.

Mit seinem Zeichenstift in die Mitte der Spirale zu gelangen bedeutet, sich selbst zu entdecken. Das Kind wird den gleichen Weg zeichnerisch nicht zurückverfolgen. Es verharrt in der Mitte. Die Spirale als Hieroglyphe der kindlichen Bilderschrift ist mit dem gefundenen Mittelpunkt vollendet. Der zeichnerische Weg vom Außenrand der Spirale in ihr Inneres hinein markiert die Spur des geistig-seelischen Weges, auf dem das Kind sich seiner Individualität gewahr wird.

In einem weiteren Schritt versucht das Kind den spiraligen, also geöffneten Kreis zu schließen (Abb. 17). Dies gelingt dem Kind nicht ohne Mühe um das dritte Lebensjahr. Der geschlossene Kreis besiegelt den Abschluß der Kritzelphase.

Meistens zu gleicher Zeit findet das Kind die Form des einfachen Kreuzes, zuerst eher zufällig in Kritzelbildern (Abb. 4), und daran anschließend mittels bewußter Linienführung (Abb. 18).

Das Kreuz besteht aus einer waagrechten und einer senkrechten Geraden. Es dokumentiert die Vorherrschaft der aufrechten Körperposition des Kindes, seine Fähigkeit, den Leib im Gleichgewicht zu halten. Die Kreuzform erinnert an eine abstrakte Zeichnung des Menschen. Manche Kinder malen unzählige Blätter voller Kreuze. Andere bevorzugen den geschlossenen Kreis.

Die Qualität der runden Form liegt im Einschließen, Umfassen, Behausen, Schützen, also eher im Bereich seelischer (psychischer), gefühlsmäßiger Erfahrung. Die Wirkung des Kreuzes hingegen ist raumstrukturierend, weit hinausgreifend, offen nach allen Richtungen (Abb. 18). Sie entspricht damit dem Bereich des bewußten Handelns, also einer Qualität des Willens und Wollens, entgegen der des Fühlens. Beide Zeichen: Kreis und Kreuz, stehen für die Entwicklung einer neuen Orientierung im Kind, nämlich jener von der Welt zum Ich.

Durch diese Differenzierung eröffnen sich neue Ausdrucksmöglichkeiten und eine erweiterte Bildersprache, wenn das Kind die Zeichen, die es bisher gefunden hat, also Kreis- und Kreuzformen, miteinander kombiniert. Es setzt dann Punkte oder Kreuze in den geschlossenen Kreis (Abb. 19) und erweitert das einfache Kreuz zum Doppelkreuz, woraus in der Folge ein Stern (Strahlenstern) entsteht (Abb. 20).

Schließlich werden die Strahlen um einen kreisförmigen Mittelpunkt geordnet. Dabei befinden sich die geraden Linien teils innerhalb und teils außerhalb des Kreises.

Aus dieser strahlenden Kreisform entsteht ein Strahlenkranz, die Sonne. Die Leere des Kreises wird mit Kritzeleien und Punkten ausgefüllt und entwickelt sich zum Schema »Gesicht« (Abb. 21).

Dieser zeichnerische Entwicklungsgang ist überall auf der Welt in gleicher Weise anzutreffen.

Ein Symbol, das sowohl in den alten nordischen als auch in den hellenistischen und östlichen Kulturen immer wieder auftaucht, ist der Kreis mit einem Kreuz darin (Abb. 22). Dieses »Radkreuz« finden wir in allen Kinderzeichnungen wieder (Abb. 13, 19, 21, 23). Ebenso das Doppelkreuz im Kreis, das eine grundlegende Stufe des Mandala-Zeichens abgibt. Mandalas sind magische Diagramme von der buddhistischen Auffassung der Welt. In den indischen Religionen werden die mystischen Kreis- oder Vieleckbilder als Meditationssymbole benutzt. Für die zeichnerischen Entwicklungsstufen des Kindes ist das Finden des Mandala-Symbols sehr wichtig, denn daraus entwikkelt es sich die Sonne und schließlich das Gesicht. Auch in der Hindukultur finden wir den Kreis mit den Kreuzen als »Lebensrad« wieder. Und aus der europäischen Bronzezeit kennen wir dieses Symbol als »Sonnenscheibe« und »Sonnenrad«. Auch in den bis heute noch nicht vollständig entzifferbaren Texten altgriechischer Schrifttafeln findet sich das Symbol des »Radkreuzes« wieder. Die strahlende Kreisform wird um 2000 v. Chr. in der altgriechischen Ornamentik gemeinsam mit Spiralzeichnungen benutzt (Abb. 15).

Während in allen prähistorischen Kulturen ähnliche Symbole und Zeichen verwandt wurden, verhielt es sich mit der Darstellung des Menschen recht unterschiedlich. Zeitweise wurde in der europäischen Vorzeit die menschliche Gestalt höchstens andeutungsweise bildhaft oder künstlerisch nachgezeichnet (Abb. 24, 25). Die ersten skizzenhaften kindlichen Menschenbilder sind diesen Darstellungen manchmal verblüffend ähnlich (Abb. 26). Wir bezeichnen diese undifferenzierten menschlichen Gestalten als »Baummenschen« oder »Säulenmenschen« (Abb. 27, 28) oder als »Kopffüßler« (Abb. 29).

Die kreisförmige Linienführung verbindet sich mit der senkrechten Geraden zur ersten Menschendarstellung. Details des menschlichen Körpers gelangen vorerst nicht zur Darstellung. Lediglich der Kreis wird mit Gesichtsschemata ausgefüllt. Die Differenzierung von Augen, Mund und Nase bleibt jedoch nicht allein der Darstellung des Menschen vorbehalten. Die Sonne hat ebenfalls in fast allen Kinderbildern ein Gesicht. Manche Kinder zeichnen auch dem Mond und den Wolken zumindest Augen und Mund.

Das Gesicht als zentrales Organ sinnlicher Wahrnehmung ist in der Kinderzeichnung symbolisch als ein allgemeiner Ausdruck des Lebendigen und des Beseelten zu verstehen. Diesen Ausdruck entdeckt das Kind vielleicht zuerst in den Augen der Mutter und dann bei anderen Menschen und schließlich bei sich selbst, wenn es sich im Spiegel betrachtet. Die Welt ist voller Gesichter, Tiere und Pflanzen sind nicht davon ausgenommen. Wahrscheinlich empfinden kleine Kinder die Welt als einen lebendigen Organismus und messen deshalb seinen natürlichen Erscheinungen (Sonne, Wolken, Bäumen, Blumen, Tieren, Menschen etc.) wesenhafte Züge bei. Die mystische Weltauffassung des kleinen Kindes erinnert an die ganzheitlichen Sichtweisen und die Naturreligionen alter Menschheitskulturen und indianischer Völker.

Details des menschlichen Körpers und der Welt (z.B. Rumpf, Arme und Beine, Fenster und Dachziegel im Haus, Blätter am Baum etc.) werden im Laufe der Entwicklung vom Kind stufenweise, in langsam aufbauender Folge (Progression) ergänzend wahrgenommen. So gelingen dem Kind zwischen dem fünften und siebenten Jahr ausdrucksvolle illustrative Darstellungen aus seiner Lebenswirklichkeit.

Die hier beschriebenen Elemente der kindlichen Formensprache finden sich ausgeprägter, ornamental verfeinert und kombiniert in den folgenden zeichnerischen Entwicklungsstufen wieder. Sie treten in den Hintergrund, je bewußter und realistischer ein Kind sein Bild zu gestalten vermag. Aus den »Mandala-Fenstern« werden schließlich Fenster, wie wir alle sie kennen: Sie sind dann quadratisch oder rechteckig und mit Gardinen geschmückt. Noch während der Grundschulzeit benutzen viele Kinder Symbole der frühkindlichen Zeichensprache. Man kann sie im Detail entdecken, beispielsweise als Hausfenster, Auto- und Kutschenräder.

Diese spontan-schöpferische Darstellungsweise weicht mit zunehmendem Bewußtsein und Alter des normal entwickelten Kindes immer mehr einer kritisch-realistischen Anschauungsweise.

Das ICH-Erlebnis

Während das Kind auf seinen dritten Geburtstag zuschreitet, bahnt sich in ihm eine Entdeckung an. Die Entdeckung des eigenen ICH.

Bereits im vorhergehenden Kapitel habe ich beschrieben, wie das Kind langsam aus der Mutter-Kind-Symbiose herausgleitet und immer häufiger Wunschverweigerungen erfährt. Die Befriedigung seiner Wünsche wird ihm manchmal versagt, oder sie wird auf einen anderen, entfernteren Zeitpunkt verschoben. Das Kind empfindet sich dadurch im Widerspruch mit seiner Umgebung. Wunsch und Realität klaffen plötzlich auseinander. Das Kind, welches sich ja noch als Mittelpunkt der Welt fühlt, versucht seine Wünsche durchzusetzen und wirkt dabei immer unnachgiebiger – diese Erscheinung wird umgangssprachlich als »Trotzphase« bezeichnet.

Um seine Wünsche durchzusetzen, spricht das Kind von sich selbst lange Zeit in der dritten Person, es sagt z. B.: Nina will Eis essen; oder: Nina ist müde. Die Differenzierung zwischen WELT und ICH, zwischen AUSSEN und INNEN ist hier bereits begonnen, jedoch von Nina noch nicht eindeutig vollzogen. Sie begreift nur allmählich die Zusammenhänge, und es braucht Zeit, bis sie die Dinge so zu sehen beginnt, wie sie wirklich sind (Objektivierung).

Man kann sich diesen Prozeß der Bewußtwerdung von Unterschiedlichkeiten so vorstellen, daß für ein Kind die Realität immer stärker an Kontur gewinnt, während ihm gleichzeitig seine eigene Individualität begegnet. Es verbindet sich schließlich mit seinem Namen. Und wenn es sich selbst bislang »Nina« nannte, so nennt es sich nun Ich.

Wenn ein Kind sich selbst nicht mehr länger mit seinem Namen benennt, von sich selbst nicht mehr in der dritten Person spricht, sondern Ich sagt, dann ist die Differenzierung vollzogen. Das Kind ist sich seiner selbst bewußt geworden und weiß mit Sicherheit, daß es eine eigene, sich von anderen unterscheidende Person ist.

Natürlich verwandelt diese grundlegend neue Erkenntnis nicht nur das Leben des Kindes, sondern auch das seiner Eltern und der gesamten Umgebung. Denn das Kind drängt nun nach Selbständigkeit. Es will möglichst viele Dinge alleine tun. Dies ist ein gesunder Impuls, der dem Kind Erfahrungen darüber vermittelt, was es kann und was es nicht kann. Es kann z.B. eine Tüte mit Brötchen tragen, aber der Eimer mit Kartoffeln ist zu schwer.

Ein Ich-bewußtes Kind begegnet der Welt neugierig und aufmerksam. Es möchte lernen und Erfahrungen machen und saugt alles in sich hinein wie ein Schwamm. Für viele Eltern ist diese ungeheure Aufnahmebereitschaft ein Erlebnis ganz besonderer Art. Man kann sich oft gar nicht genug darüber verwundern, was ein dreijähriges Kind alles wahrnimmt, absorbiert und verwertet. Vielleicht wird es niemals mehr im späteren Leben so lernbegierig und aufnahmefähig sein wie in dieser Entwicklungsphase.

Sehr eindrucksvoll vermittelt sich die schwammartige Haltung des Kindes der Welt gegenüber in den Abbildungen 26, 27, 28. Die Köpfe der Menschen sind mit überdimensionalen Haaren ausgestattet, die wie Antennen in die Welt ragen. In Abbildung 27 erlebt das Kind darüber hinaus seine Armglieder als tastende Sinnesorgane. In ihrer Selbstdarstellung hat eine fast Siebenjährige ihren Kopf deutlich mit antennenartigen Organen ausgestattet (Abb. 28). Sie wirken wie zwei aus dem Kopf sprießende Fühler. Auf keine andere Weise könnte ein Kind so deutlich über den momentanen Stand seiner Entwicklung Auskunft geben, denn ein entsprechender Grad von auch sprachlicher Bewußtheit ist ihm noch lange nicht möglich. Die Bilder hingegen sprechen zu uns. Sie sind der Schlüssel zur Lebenswelt des Kindes. Durch seine Zeichnungen erklärt es uns: Ich weiß instinktiv, da ist eine Welt, und die muß Ich kennenlernen, in die muß Ich mich hineinfühlen; Ich entwickle ein Gespür für die Menschen und Dinge in meiner Umgebung, Ich versuche mich darauf einzustellen und die Zusammenhänge zu begreifen, Ich versuche aufgrund meiner unmittelbaren Erfahrungen »Antennen« zu bekommen für all die Ereignisse in meinem Leben, die Ich noch nicht erkenne und verstehe!

Nachdem das Kind sein Ich-Erlebnis zeichnerisch formuliert hat, schärft sich seine Wahrnehmung für die Umgebung, in der es lebt. In diesem Zeitraum tauchen die ersten Bildmotive auf. Außer dem Menschen sind es der Baum und das Haus (Abb. 37).

Die kindliche Formen- und Bildersprache erfährt durch die Bewußtwerdung von Ich und Umwelt deutliche Veränderungen. Die Kritzelproduktion nimmt ab. Bilder werden sowohl illustrativ als auch ornamental immer bewußter gestaltet, indem die bisher bekannten Symbole und Zeichen miteinander kombiniert und auf dem Blatt geordnet werden.

Verfolgen wir einmal den Weg der Ich-Findung anhand der Bildbeispiele (Abb. 17 bis 21).

Nicht alle stammen von ein und demselben Kind. Ich habe, um die Prägnanz der einzelnen Entwicklungsschritte deutlich vor Augen führen zu können, Beispiele ausgewählt, die von unterschiedlichen Kindern aufgezeichnet wurden. Nicht jedes Kind dokumentiert seinen eigenen Entwicklungsprozeß derartig deutlich, wie er sich in dieser Reihe darstellt. Manche Kinder verweilen länger oder kürzer, flüchtiger oder intensiver in den einzelnen Phasen des Zeichnens. Jedoch lassen sich, wenn wir die Zeichenphasen eines Kindes aufmerksam verfolgen, die im vorhergehenden Kapitel näher beschriebenen Phänomene der kindlichen Bildersprache im wesentlichen immer im Verlaufe seines individuell voranschreitenden Entwicklungsprozesses auffinden.

Das erste Dokument der Selbstfindung ist der geschlossene Kreis (Abb. 17). Diese Erkenntnis hat an Intensität gewonnen, wenn das Kind bewußt die Vertikale und die Horizontale kreuzt (Abb. 18) und schließlich den Punkt oder das Kreuz in den Kreis setzt (Abb. 19, 23).

Das Kreuz im Kreis oder der strahlende Kreis gewinnt besondere Bedeutung als Sinnbild der Selbstfindung in der Erfahrung von Ich und Umwelt, von Innen und Aussen. Dies wird in Abbildung 30 unbewußt und auf bestechend ausdrucksvolle Weise von einem viereinhalbjährigen Mädchen bekundet.

In der Bildmitte ist ein grünes Kreuz zu erkennen, dessen oberer Teil einen kreisförmigen Bogen zur rechten Kreuzachse schlägt. Durch diese in einem Zug ausgeführte Bewegung entsteht ein gerundeter Raum, den das Kind mit einem grünen Kreuz ausfüllt. Dieses steht für die Ich-Form, begründet jedoch auch eine räumliche Strukturierung. Die entstandenen Viertel werden unterschiedlich eingefärbt.

Dieses radkreuzähnliche Symbol kann sowohl als Ausdruck des Ich-Erlebnisses angesehen werden wie auch als »Haus«, in dem das Kind sich eingehüllt, geborgen und gegen die Umgebung abgegrenzt fühlt. Der Prozeß der Ich-Findung entspricht bildhaft dem Einzug in ein eigenes Haus.

Die Abgrenzung des Ich gegenüber der Umwelt vermittelt sich dem Betrachter dieser Kinderzeichnung eindrücklich durch die Strahlen, die auf der rechten Bildseite eine leiterartige Struktur annehmen, während sie im linken und unteren Bildteil an die Form des Strahlensterns erinnern.

Unter dem Aspekt der sinnlichen Wahrnehmung betrachtet, mittels derer ein Kind die Umwelt erfährt, gewinnt die Zeichnung besondere Bedeutung. Die leiterartigen Strahlen sind leicht als Umweltreize vorstellbar, die auf das Kind einwirken. Es selbst aktiviert seine Sinnesorgane, streckt sie (als Sternstrahlen formuliert) in die äußere Welt, um Eindrücke aufnehmen zu können. Außerdem ist das Ich vom Bildmittelpunkt seitwärts gerückt. Während sich in Abbildung 19 und 20 das Kind noch eindeutig als Weltmittelpunkt begreift, hat sich in Abbildung 30 und 31 diese Perspektive verschoben. So kommentiert die kindliche Bildersprache den Vorgang der Anpassung an die Realität und die neue Erkenntnis, nicht Weltmittelpunkt zu sein.

Eine andere farbenprächtige ornamentale Variation zum Thema Ich finden wir in Abbildung 31, die sechzehn Monate später vom gleichen Kind erstellt wurde.

Die geschlossene Kreisfigur ist weiterhin aus dem Mittelpunkt gerückt, aber dennoch bleibt sie das Zentrum des Bildes. Bei längerer Betrachtung fühlt man sich angezogen, ja hineingezogen in den kleinen, orangefarbenen Kreis im Kreis. Die innere, schwach abgegrenzte Figur übt eine Sogwirkung aus. Es entsteht der Eindruck, als würden die von außen ins Innere einfließenden Farbströme von einem ruhig kreisenden Spiralwirbel aufgenommen und »verdaut«. Dies ist nicht ausschließlich eine Wirkung der linearen Bewegungen. Vielmehr wird diese verstärkt durch den differenzierten Umgang des kaum sechs Jahre alten Kindes mit dem Ausdrucksmittel Farbe. Linien, Formen und Farben harmonieren in subtiler Weise. Gegenüber der Abbildung 30, die zwar bereits ein Farbempfinden spüren läßt, demonstriert Abbildung 31 einen Höhepunkt ornamentaler Farbgestaltung. Davon abgesehen, kann dieses Bild als Illustration dessen gelten, wovon zu Anfang des Kapitels die Rede war: nämlich jener unvergleichlichen Bereitwilligkeit und staunenswerten Aufnahmebereitschaft des Kindes zwischen dem dritten und sechsten Lebensjahr, das jegliche Information wie ein Schwamm in sich hineinsaugt.

Die Ich-Entdeckung als markante Position in der Entwicklung löst bei vielen Kindern ein freudiges Hochgefühl aus. Jener hochgestimmten Begeisterung ist es anzurechnen, daß Kinder nun erstmals konzentriert und ausdauernd tätig werden. Sie sitzen vor ihren Blättern und zeichnen unentwegt und seitenweise geschlossene Kreise, Strahlenkreise, Kreuze und sich selbst.

Interessanterweise erfahren nun in zunehmend größerem Ausmaß die abstrakten Symbole des Kreises und des Kreuzes eine illustrative Anwendung. In den Zeichnungen finden sich außer den ersten Ich-Darstellungen in Form von »Säulenmenschen« und

»Kopffüßlern« auch die Hieroglyphen der kindlichen Bilderschrift. Es läßt sich vermuten, die abstrakten Symbole der Ich-Form bewirken eine Verstärkung der jeweiligen gegenständlichen Ich-Darstellung. So drückt das Kind in doppelter Weise, abstrakt wie konkret, seine Ich-Erfahrung aus.

In Abbildung 32 illustrierte das Kind nach eigener Aussage die St.-Martins-Legende. Vom St. Martin ist lediglich der Kopf ausgeführt. Wichtiger, weil groß gezeichnet und in den Bildmittelpunkt gerückt, erscheint die Figur des Bettlers. Er ist mit einem hoch hinauf sich verjüngenden Haarschopf versehen. Außerdem erkennen wir als Kreuze gezeichnete Leuchtlaternen und das Pferd des St. Martin. Dessen Vielbeinigkeit kann als Bewegungssymbolik für den Vorgang des Heranreitens verstanden werden. Der Bettler und die Kreuze bestimmen die entwicklungspsychologische Bildinterpretation.

Die Zeichnung des siebenjährigen Kindes beinhaltet zweierlei: Zum einen illustriert es die Legende, zum anderen gibt es Auskunft über seine eigene individuelle Befindlichkeit. Eine Deutung könnte folgendermaßen lauten: Das malende Kind erlebt sich als ein auf die Hilfe und Zuwendung anderer Menschen angewiesenes Lebewesen. Es identifiziert sich mit der Figur des Bettlers und drückt so seine Erwartung auf Beachtung aus. Andere Menschen müssen sich um sein leibliches Wohl kümmern. Doch ebenso dringend benötigt es eine geistig-seelische Orientierung und Betreuung. Diesen Bedarf veranschaulichen die bis hinauf in die Leuchtlaternen (Kreuze) strebenden Haare. Seinem konzentrischen Ich-Erlebnis, seinem Wunsch nach Erleuchtung, also geistigem Zuwachs und körperlicher Versorgung verleiht das Kind derartig Ausdruck, ohne sich jedoch dieser verschlüsselten Botschaft gewahr zu sein.

Nicht immer wird es dem Erwachsenen gelingen, eine Kinderzeichnung zu entschlüsseln und in ihr die wesentlichen Aussagen zu ermitteln. Das hier gegebene Beispiel soll dazu anregen, die Bilder von Kindern als Informationsquellen wahrzunehmen und zu nutzen und sie zum Anlaß verstärkten Nachdenkens über das Kind und seine konkrete Situation zu machen.

Die ersten Motive: Haus, Auto, Mensch, Baum

Nachdem das Kind sein ICH-Erlebnis zeichnerisch zu formulieren vermag, beginnt es in seinen Bildern die Wahrnehmung der Umwelt auszudrücken.

Dies geschieht immer mit den bisher bekannten Formprinzipien der Geraden, des Kreises und des Quadrates.

Kinderzeichnungen dieser Altersstufe sind von einer ganz besonderen Eigenart, die dem Erwachsenen meistens nur dann auffällt, wenn er dem Kind beim Zeichnen *zuhört*. Allein durch das Zuhören und nicht durch das Nachfragen erschließt sich dem Betrachter das Bild. Noch aufschlußreicher ist es, das Kind bei seinem Malprozeß zu begleiten, aber dabei zu schweigen und zuzuhören. Viele Kinder kommentieren ihre zeichnerischen Aktionen und erklären in einer Art Selbstgespräch, was sie gerade malen. Sie nennen einen Strich Baum oder Blume, ein Quadrat Auto, überkritzeln das Ganze und geben dabei zu Protokoll: Das Auto ist weggefahren. Solche Zeichnungen Vier- und Fünfjähriger lassen sich als Vorläufer jener Darstellungen begreifen, die von sechs- und siebenjährigen Kindern erstmals ausführlich und in häufig verblüffender Realität in Szene gesetzt werden.

Mit diesen ersten Bild- und Wortprotokollen hat es aber eine besondere Bewandtnis.

Als Zuhörer erfährt man nämlich von höchst unterschiedlichen Bedeutungen ein und desselben Blattes. Zuerst handelt es sich vielleicht um einen Wald mit Bäumen. In einer weiteren Erklärung einige Zeit später interpretiert das Kind seine Zeichnung neu: Es handelt sich nun um Vater, Mutter, Oma, Opa, Liese und Willi, die Ball spielen. Während das Kind erklärt, malt es vielleicht noch einen runden Ball mitten aufs Blatt. Wenn nun ein neuer Interessent das Kind nach seinem Bild befragt, kann wieder eine andere Be-Deutung der Zeichnung erfolgen, beispielsweise befindet sich auf dem Blatt nun eine Blumenwiese mit Ziegen und Hund. Es ist nicht unwahrscheinlich, daß das Kind dem Ball nun Hörner malt und er so zur Ziege avanciert. Oder er bekommt einen Schwanz und ist nun ein Hund.

Dieses Beispiel macht deutlich, unter welchem Blickwinkel wir die Zeichnungen dieser Alters- und Entwicklungsstufe zu betrachten haben.

In dieser Zeit dürfen wir keinesfalls vom Kind ein strukturell gegliedertes, realistisches Bild erwarten. Wir können aber damit rechnen, auf den Wegen der Phantasie mitgenommen zu werden in jene Welt, die das Kind erlebt. Und wir können dadurch erfahren, wie es die Welt, in der es lebt, wahrnimmt.

Das Kind hat uns etwas zu sagen. Unser Verhalten beschränkt sich aufs Zuhören. Der Erwachsene braucht nicht darüber besorgt zu sein, daß ein vom Kind gezeichneter Baum nicht wie ein Baum aussieht, daß er keine Äste hat; oder daß dem Menschen noch die Füße und Hände fehlen und Beine und Arme und Ohren nicht an den anatomisch richtigen Stellen plaziert sind; oder daß ein Haus kein Dach und keine Fenster hat und ein Auto ohne Räder fährt. Die zeichnerische Darstellung von Gegenständen und Inhalten, die den Effekt des Wiedererkennens besitzt, ist einem späteren Alter und einer fortgeschritteneren Entwicklungsstufe vorbehalten.

Es kann zerstörerisch auf die spontane Lust des Kindes am Zeichnen wirken, wenn der Erwachsene von ihm eine bestimmte Form erwartet, in der es seine Erfahrungsabbilder zu Papier bringen soll. Außerdem hieße das auch, der kindlichen Phantasie Zügel anzulegen, die sie schlimmstenfalls ein Leben lang fesseln. Die Phantasie ist wie ein Vogel, der auf leichten Schwingen über den Erfahrungen des Alltags kreist. Dem kleinen Kind vorzuschreiben, wie ein Mensch oder ein Baum oder ein Haus oder ein Auto oder irgend etwas anderes auf dem Papier auszusehen hat, würde bedeuten, seine Phantasie in Zucht zu nehmen, seine experimentelle Gestaltungsfreude zu hemmen und seine kreative Entwicklung zu behindern.

Die komplexe Bedeutungsfülle, die Kinderzeichnungen dieser Altersstufe auszeichnet, ihr geradezu metamorphischer Inhalt benötigen universelle zeichnerische Elemente, die nicht eindeutig, sondern interpretierbar sind. Nur so läßt sich für das Kind eine

Darstellung und erklärende Auslegung seiner Erlebniswelt erreichen. Denn es ist im Vorschulalter weder kognitiv noch psychomotorisch in der Lage, eine der Sicht des Erwachsenen entsprechende Zeichnung auszuführen.

Ein fortwährendes »Verbessern« seiner Zeichnungen verunsichert das Kind und macht es schließlich seiner eigenen Unfähigkeit gewiß. Es traut sich schon bald selbst nichts »Richtiges« (kein richtiges Bild zu malen) mehr zu. Seine Selbsteinschätzung färbt sich negativ. Und da es nicht ständig verbessert und seiner Unfähigkeit vergewissert werden will, hat es keinen Spaß mehr am Malen. Und damit ist es einer fundamentalen Möglichkeit der Verarbeitung von äußeren und inneren (seelischen) Ereignissen beraubt.

Wir sollten einem Kind in diesem Alter auf keine Weise Druck machen, um es zu einer realistischen Darstellungsweise und Leistung anzuhalten, denn damit üben wir Gewalt aus. Eine Gewalt, die zwar nicht auf den Körper einwirkt, aber die gesamte individuelle Sphäre der Anlagen und Möglichkeiten beeinträchtigt.

Es ist also wichtig, das Kind in seiner zeichnerischen Entwicklung zu begleiten, seinen Bild- und Wortprotokollen zuzuhören und seine Malkünste und Farbkompositionen ohne jede Kritik zu bestaunen. So gewinnt das Kind Zuversicht in seine eigenen Fähigkeiten und entwickelt Vertrauen in den erwachsenen

Zuschauer und Zuhörer. Ein bestätigendes und bestärkendes Verhalten fördert auch seine experimentelle Phantasie und künstlerische Ausdrucksweise.

Beim Betrachten von Zeichnungen vier- bis sechsjähriger Kinder fallen besondere Vorlieben für bestimmte Themen auf. Darstellungen von Häusern inmitten von Blumen und Bäumen mit einer strahlenden Sonne darüber werden von Mädchen und Jungen gleichermaßen favorisiert. Auch das Motiv des Menschen taucht immer häufiger auf.

Während Mensch und Baum einander anfangs zum Verwechseln ähnlich sehen können, ist das Haus leichter erkennbar. Zuerst schließt das Kind mit einer gekrümmten Linie einen Menschen in ein Haus ein. Dabei kann das Haus eine kreisrunde Form haben. Das Kugelhaus wird dann mehr und mehr abgelöst von quadratischen und rechteckigen Hausformen, die sowohl mitten auf das Blatt wie auch an den Blattrand gesetzt werden.

Das kastenförmige Haus umschließt ebenfalls das sich selbst malende Kind oder andere Personen und verweist derart auf die schützende Funktion des Hauses.

Konkretisieren wir einmal, welche Bedeutung das Haus als grundlegende Erfahrung im Leben des Kindes einnimmt. Im Haus wohnt es mit seiner Familie. Im Haus wird gegessen und geschlafen, man sucht darin Schutz bei Regen und Kälte. Im Haus fühlt man sich abgeschlossen und geschützt vor der Umwelt. Das

Haus (damit ist natürlich auch die Wohnung gemeint) symbolisiert einen Ort der Geborgenheit und des sicheren Umschlossenseins.

Kinder beginnen Kubushäuser zu zeichnen, wenn sie eine Distanz zwischen sich selbst und der Umwelt wahrnehmen. Diese Empfindung ist dicht mit dem Prozeß der Selbstfindung und Ich-Entdeckung verwoben. Häufig werden dann auch Mutter, Vater und Geschwister ins Haus gemalt, so daß es darin recht eng wird. In derartigen Bildern drücken Kinder das Gefühl der Zugehörigkeit zu einer bestimmten Gruppe aus. Meistens zeichnet das Kind die Familie bestehend aus denjenigen Personen, denen es sich sehr verbunden fühlt.

In dieser Entwicklungsphase beginnen Kinder häufig in ihrem Spiel Häuser, Zelte oder Höhlen zu bauen. Ihr Interesse daran erlahmt über Jahre nicht. Und auch das Motiv des Hauses wird noch jahrelang von den Kindern zur Bildgestaltung verwendet. Allerdings gewinnen mit zunehmendem Alter die funktionellen Eigenarten sowie die Ausstattung des Hauses an Gewicht.

Bei der funktionellen Ausgestaltung der Häuser wird eine gewisse chronologische Reihenfolge augenfällig.

Zuerst erhält das Haus Personen, dann ein Dach. Es folgen Fenster und Türen, die zuerst ungeordnet eingesetzt werden. Häufig folgt dann der Schornstein. Er wird im rechten Winkel an die Dachschräge gesetzt und erweckt dadurch den Eindruck, schief abzustehen und völlig unfunktional zu sein. Solch eine Art der Darstellung ist für diese Altersklasse völlig normal, denn die Kinder haben ja gerade erst den Kontrast von rund und gerade und eckig entdeckt. Die Erstellung eines perspektivischen Bildes oder Details, das der objektiven Anschauung entspricht, ist in diesem Alter noch nicht möglich.

Viel wichtiger als die Perspektive ist der inhaltliche Fortschritt und Zuwachs, der zuweilen auf Kosten der formalen Ausgestaltung geht.

Weitere Details wie Dachziegel, Fensterkreuze, Gardinen, Türklinken, Rauch aus dem Schornstein oder ein Gesicht, das aus dem Fenster schaut, werden dem Haus hinzugefügt. Später wird seine Eingebettetheit in eine Umwelt dargestellt, die zumeist aus einem strahlenden, lachenden Sonnengesicht, aus Bäumen, Blumen, einem Zaun und einem Weg besteht. Hinzu kommen später klimatische Illustrationen wie Wolken, Regen, Regenbogen (Abb. 33).

Eine wichtige Hinzufügung sind die verschiedenen Tiere, denen das Kind in seinem Alltag begegnet, z. B. Vögel, Katzen, Hunde, Schafe, Ziegen, Kühe. Wenn ein Kind im Zoo war, ist es nicht unwahrscheinlich, daß der Garten seines Hauses demnächst von Löwen, Seehunden oder Schlangen bevölkert wird. Auf Abbildung 34 speiht im Garten ein Vulkan.

Auf seinen Bildern versammelt das Kind sein Wissen und seine Erfahrungen. Und es nimmt die Dinge, die es wahrgenommen hat, in Besitz. Wenn es also einen Löwen im Zoo erlebte und ihn nun im Garten seines gemalten Hauses plaziert, dann besagt dies nur soviel, als daß es eben weiß, was ein Löwe ist. Wenn es Wissen über Vulkanberge angesammelt hat, fließt dieses auch in seine Bilder ein.

So wie sich der Erfahrungsbereich und Wortschatz der Kinder erweitert, so erweitern sich auch ihre Zeichnungen. Vielerlei wird da eingestreut an Dingen, die scheinbar keinen Bezug zueinander haben. Und als erwachsener Betrachter fragt man sich vielleicht, was das Kind veranlaßt haben mag, so viele unterschiedliche Dinge auf ein einziges Blatt zu malen. Denn manchmal zeigt das Bild kein Gesamtthema mehr, sondern wirkt wie eine Anhäufung beliebiger Dinge (Abb. 35). Derartige Zeichnungen sind nicht unbedingt als Abbildungen realer Situationen zu verstehen, sondern eher als eine Wiedergabe dessen, was ein Kind neu hinzugelernt und geistig ergriffen hat. Denn nur darum geht es ihm: in einer Art Bildersprache aufzuzählen, was es kennt. Und all das, gerade wie es ihm in den Sinn kommt, auf einem einzigen Blatt Papier. Da hat zwar das Auto keine Räder, der fünfbeinige Löwe steht beziehungslos neben einem Dinosaurier, und ein Mensch besitzt weder Arme noch Beine – doch die Genauigkeit der Darstellung wird der Aufzählung von Dingen untergeordnet und ist nachrangig, ja, für das Kind geradezu bedeutungslos. Eben solch eine Haltung meinte der vorhin erwähnte Verzicht auf formale

Ausgestaltung zugunsten eines additiven Malverhaltens.

Ein häufiges Motiv, dem man seit einiger Zeit bereits in frühen Kinderzeichnungen begegnet, ist das Auto. Auch im Sprachschatz gehört es neben Mama und Papa zu den ersten Worten, die das Kind sich zu eigen macht.

Das Auto verfügt über vergleichbare Eigenarten wie das Haus. Es zählt heutzutage zu den ersten Motiven der Kinderzeichnung. Haus und Auto besitzen für das zeichnende Kind eine ähnliche Attraktivität. So wie die Frühformen von Mensch und Baum einander entsprechen, so entsprechen einander die Grundformen von Haus und Auto. Viele Kinder bezeichnen das Auto als ein Haus mit Rädern und stellen es durch eine rechteckige und mehrere kreisrunde Formen dar (Abb. 36). Die Möglichkeit der Fortbewegung, die das Auto vom Haus unterscheidet, wird erst in einer späteren Phase wahrgenommen. Ähnlich wie beim Haus schreitet auch die Differenzierung bei der zeichnerischen Ausgestaltung des Autos voran: zuerst Fenster, Sitze, Türen, Personen im Auto; dann Lenker, Lampen, Antenne, Auspuff usf.

Das Auto ist wie das Haus aus der frühkindlichen Bildersprache nicht mehr wegzudenken und spiegelt damit einen Teil unserer Lebenswirklichkeit wider. Die Kinderbilder bedeuten uns, daß das Auto für Menschen unseres Zivilisationszuschnittes zum Haus geworden ist, zum regulären Aufenthaltsort, an dem wir durchweg jeden Tag einige Zeit verbringen, in dem wir essen und trinken, gelegentlich (auf längerer Reise) auch schlafen und in dem wir sogar sterben können.

Die Entwicklungsschritte des Kindes, von denen seine Haus- und Auto-Zeichnungen erzählen, sind:

- sein abgekapseltes Umhülltsein vom Haus und sein Gewahrwerden einer inneren und äußeren Welt (Abb. 35 oben links);
- seine Erkenntnis, daß es zu einer sozialen Gruppe gehört, nämlich zur Familie (Abb. 33, 34);
- eine Erweiterung seiner Wahrnehmung auf die Umwelt und das Detail (Abb. 33, 34).

Ebenso wie bei den bisher beschriebenen Motiven beginnt das Kind auch bei der Darstellung des Menschen und des Baumes zu differenzieren.

Der Mensch mit seiner säulenartigen Gestalt (Abb. 27, 28) erfährt eine Strukturierung des Rumpfes. Auf Abbildung 28 erkennen wir in der rechten Figur ebenfalls eine menschliche Gestalt, die der Ich-Figur im Bildmittelpunkt jedoch nur im Rumpfbereich ähnelt. Der Kopf ist halbkreisförmig wie ein Pilzhut auf den baumstammartigen Leib gesetzt, aber auch mit Augen versehen.

Der unstrukturierte »Baummensch« gliedert sich nun in zwei deutlich voneinander unterschiedene Teile, nämlich den Kopf und den »Bauch«. Der Kopf wird immer zuerst gezeichnet, der »Bauch« meint sowohl den Ober- wie den Unterkörper (Abb. 35). Kinder, die bislang sogenannte »Kopffüßler« malten (Abb. 29, 32), also den Rumpf nicht berücksichtigten, messen ihm nun Bedeutung bei. Der Gliederung der Gestalt schließt sich die Unterscheidung der Gliedmaßen an. Die Menschen werden mit Armen und Beinen versehen, wobei die Beine eher die statische Funktion des Stehens verkörpern. Im Gegensatz dazu die Arme, die manchmal wie überdimensionale Fühler den Kontakt zur Umwelt aufnehmen und in sie förmlich hineingreifen (Abb. 37).

Die Arme und die in einer weiteren Differenzierung folgenden Finger vermitteln eine Ahnung von der sinnlichen Erfahrung, die das Kind mittels seines Tastsinnes macht. Kinder zeichnen wichtige Dinge groß auf ihr Blatt und nebensächliche Dinge klein. Überlang gezeichnete Arme und Hände bezeugen die Bedeutung dieser Gliedmaßen in einer bestimmten Lebensphase oder Situation.

Auf eine ebensolche kindliche Aussage kann man beim »Kopffüßler« schließen. Sein rund geformter Kopf wird von den langen Beinen/Füßen getragen. Kopf und Beinglieder versinnbildlichen die sensiblen Organe sinnlicher Tätigkeit. Sie symbolisieren gleichzeitig aber auch zwei sehr unterschiedliche Erlebnisbereiche. Der Kopf registriert und ordnet Wahrnehmungen aus der Umgebung. Die Beine/Füße sind Standsäulen, halten die Gestalt aufrecht und markieren die willentliche Aktivität, die aus dem Kind selbst kommt.

Die zeichnerische Ergänzung und Ausgestaltung des Menschen erfolgt im Verlauf der nächsten Jahre und orientiert sich an den Beobachtungen aus der umgebenden Welt. Bislang hat das Kind in seinen Bildern ausschließlich die eigenen Befindlichkeiten und Entwicklungsprozesse ausgedrückt, aber um das fünfte Lebensjahr herum beginnt es sein beobachtendes Interesse auf die alltäglichen Erscheinungen zu richten. Diese fließen in die kindliche Zeichnung ein und werden phantasievoll mit verarbeitet. So erhalten die Gesichter der Menschen nun Augen, Nase, Mund, Haare und Ohren, Zähne und Wangenrot. Der Rumpf wird mit einem Nabelpunkt markiert (Abb. 35).

Die menschliche Gestalt wird mit verschiedenartiger Bekleidung versehen, diese wiederum wird ergänzt durch z.B. Knöpfe oder Punkte (Abb. 28).

Auch die Funktionen des menschlichen Körpers, ganz besonders die der Ausscheidung, rücken in den Vordergrund. Kinder zeichnen sich beim »Pipi-Machen« (Abb. 38). Wenig später, wenn sie die äußeren Geschlechtsmerkmale von Mädchen und Jungen kennengelernt haben, wird auch dieses neue Wissen zeichnerisch festgehalten. Entsprechend der Wichtigkeit dieser Erkenntnis werden – besonders von Mädchen – den männlichen Menschendarstellungen phallische Merkmale zwischen die Beine gemalt oder unten an den Rumpf gehängt (Abb. 35, 38). Es ist dies ein ebenso normaler Vorgang wie das Zeichnen von Händen oder Füßen. Erwachsene sollten hier nicht in einer

Weise auf das Kind einwirken, die es dazu bringen soll, von solchen Darstellungen abzulassen.

Gerade zwischen dem vierten und siebenten Lebensjahr ist das Kind intensiv mit seinen Körperfunktionen befaßt. Es erforscht seine leiblichen Möglichkeiten und muß die Kontrolle darüber gewinnen. Die Erziehung zur Sauberkeit gehört in diese Phase ebenso wie die frühkindliche sexuelle Aktivität. Für Eltern gibt es hier keinen Grund zur Beunruhigung.

Die Bildersprache des Vorschulkindes spiegelt schließlich nur seine innere und äußere Wirklichkeit wider. Und wenn das Kind Kontrolle über seine Ausscheidungsorgane zu erlangen sucht, ist nichts daran ungewöhnlich oder abwegig, wenn es dieses Bemühen auch bildlich darstellt.

Der zeichnerischen Formulierung des Menschen eng verbunden ist der Baum.

Sowohl die Orientierung an einer vertikalen Symmetrieachse als auch die später flächige und manchmal gar rechteckige Ausführung des Stammes (Rumpfes) und die Angliederung von Zweigen (Armen) und Wurzeln (Beinen) bezeugen die Verwandtschaft (Abb. 37). Später, wenn das Kind Details sowohl am Baum wie am Menschen unterscheiden kann, löst sich die Darstellung des einen vom anderen.

Die Baum-Zeichnung macht eine ebensolche Verwandlung durch wie das Haus, das Auto und der Mensch. Das heißt: Zuerst besteht er nur aus Stamm, dann werden Zweige angefügt. Die waagrechten und senkrechten Linien verweisen auf ihren identischen Vorgänger, das Kreuz, und entsprechen bei Kindern im Alter von vier und fünf Jahren jener frühen Phase, in der sie die Form der reinen Wiederholung und des reinen Kontrastes gefunden haben (Abb. 37). Stamm und Zweige bilden eine leiterartige Struktur rechter Winkel. Die möglicherweise an den Zweigen angesetzten Äste oder Blätter wiederholen die rechtwinkelige Anordnung der Teile.

Diese Elementarformen weichen nach einiger Zeit den vielfältiger gestalteten und inhaltlich differenzierteren Darstellungen. Die individuelle Anordnung und Ausgestaltung der belaubten Zweige, des Blattwerkes, der Baumkrone und des Wurzelgeflechtes ist höchst unterschiedlich. Außerdem kommt es natürlich auf die Erfahrungswelt des Kindes an. Es wird seine Bäume – angefangen bei Laubbäumen über Tannenbäume bis hin zu Dattelpalmen – so unterschiedlich malen, wie es sie persönlich erlebt und in Erinnerung hat. Ein Urlaub in einer anderen Landschaft, ein Spaziergang im Wald, der Besuch eines botanischen Gartens kann zu andersgearteten Baum-Zeichnungen anregen. Interessanterweise finden sich auch bei älteren Grundschulkindern noch Darstellungen von Baumkronen, die auf archetypische Urformen verweisen, wie sie im Kapitel über die Elemente der Zeichnungen näher beschrieben sind. Baumkronen aus Vier- oder Rechtecken, aus gepunkteten Kreisen, Ovalen oder Dreiecken für Tannenbäume sind keine Seltenheit.

Der Baum wird in Psychotests häufig als Gegenstand charakterlicher Interpretation benutzt, jedoch erscheint das bei Kindern im Vorschulalter und im frühen Schulalter geradezu als absurd, da ja die Quantität und Qualität ihrer sachlichen Kenntnisse noch sehr eingeschränkt ist. Der Baum als mythisches Bild des Lebens hat manch einen Forscher zu methodischen Untersuchungen darüber angeregt, inwiefern die Baum-Zeichnung eines Menschen etwas über seinen Charakter und seine Position auf der entwicklungspsychologischen Bewertungsskala aussagt. Ein solches Verfahren erscheint spekulativ und fragwürdig schon allein aufgrund der Tatsache individuell unterschiedlicher inhaltlicher Kenntnisse und soziokultureller Erfahrungen sowohl mit dem Gegenstand Baum an sich als auch mit den zeichnerischen Mitteln (Stifte, Farben etc.).

Der Baum sollte also kein übermäßiges interpretatorisches Gewicht gewinnen gegenüber anderen bildgestalterischen Motiven. Dies gilt auch – und gerade – für die Kinderzeichnung.

Das Erlebnis der Farben

Ein besonderes Ereignis in der zeichnerischen Entwicklung stellt die Entdeckung der Farbenwelt dar.

Im Laufe des vierten Lebensjahres finden Kinder immer mehr Interesse an einer bunten Bildgestaltung. Mit dem Gebrauch von Farbe gewinnen sie eine völlig neue Dimension hinzu. Denn wenn zuvor lineare Bewegungen das Blatt füllten, vermittelt sich nun durch das Nebeneinander farblicher Effekte die erste Empfindung von Fläche. Das Kind erlangt durch den breiten Aufstrich von Farbe ein flächiges Motiv. Die Linie verliert bald ihre Vorrangstellung in den Bildproduktionen zugunsten des neuen Ausdrucksmittels: Farbe und der neuen Dimension: Fläche.

In diesem Zusammenhang erscheint es sicher einleuchtend, warum im Kapitel über das Malwerkzeug für diesen Entwicklungsabschnitt der Gebrauch von Wachsmalblöckchen angeraten wird. Dieses Malwerkzeug ermöglicht nämlich in ganz besonders eindrücklicher Weise das Farb-Fläche-Erlebnis.

Neben dieser räumlichen Komponente gewinnt die Kinderzeichnung aber auch an seelischer Ausdruckskraft. Mit den Farben ziehen die emotionalen Befindlichkeiten ins Bild ein. Die seelische Komponente eines Bildes vermittelt sich durch Farben und Farbkompositionen. Sie werden nicht nur visuell, sondern auch emotional wahrgenommen. Farben entsprechen Gefühlssituationen und vermitteln Stimmungen. Sie sind für den Bildgestalter ein Mittel des seelischen Ausdrucks, dessen Qualität sich auch dem Betrachter erschließt.

Jedes Kind findet schon früh zu einer Lieblingsfarbe, auch lehnt es manche Farben ab. Diese Sympathien und Antipathien unterliegen bis ins Erwachsenenalter hinein gelegentlichen Wandlungen. Kinder entwickeln ihre ganz persönliche Farbpalette, und manches Bild wirkt wie im Farbenrausch geschaffen.

Die Entdeckung der Farbe führt von den ersten flächigen Farbenteppichen (Abb. 8, 10) zur ausdifferenzierten Ornamentik (Abb. 30, 31). Dazwischen liegt eine Zeit schwelgerischer Schaffensfreude, die zwischen dem fünften und sechsten Geburtstag meist ihren Höhepunkt erreicht.

Man rufe sich immer wieder die emotionale Faszination ins Bewußtsein, die durch das aktive Einfärben eines reinen Untergrundes hervorgerufen wird. Das Kind erlebt die Farbe als völlig neues Medium, mit dem es sein Welterlebnis auszudrücken imstande ist. Es gelingt ihm fortan, mittels farblicher Qualitäten reale und seelische »Landschaften« aufzuzeichnen und Einfluß auf den Betrachter zu gewinnen. Ein solch gewichtiges, an die Entdeckung der Farben geknüpftes umfassendes Erlebnis beeindruckt jedes Kind.

Die Intensität des Farberlebens ist individuell sicher unterschiedlich, jedoch verfügt jeder Mensch über

Farberinnerungen, die sich ähnlich wie Gerüche eingeprägt haben. Es sind diese frühen Erinnerungen, aus denen wir oft ein Leben lang schöpfen. Besonders eindrucksvoll wird das Erleben der Farben und seine seelische Komponente von dem mit sieben Jahren erblindeten Jacques Lusseyran in seinem Buch »Das wiedergefundene Licht« beschrieben.

Zu einem frühen Zeitpunkt, der vor dem Schuleintritt liegt, eröffnet das Kind dem anteilnehmenden Begleiter durch seine Zeichnungen und seine Farbkompositionen Einblicke in persönliche Konstellationen ästhetischer und musischer Art.

Die unreflektierte Kinderkunst dieser Altersgruppe schöpft aus dem Reichtum des Unbewußten und fesselt durch den Charme spielerischer Darstellungslust und farblicher Grenzüberschreitungen. Fasziniert erkennen wir in manchen Kinderzeichnungen Ähnlichkeiten mit Werken moderner Künstler wie Franz Marc, Wassily Kandinsky, Paul Klee oder Friedensreich Hundertwasser. Was wir hier als Ähnlichkeit empfinden, ist die häufig willkürliche Auswahl der Farben zum Zwecke des subjektiven Ausdrucks. Die Farben dienen also nicht der objektiven Nachbildung eines Motives, sondern drücken die Gefühle aus, die ein Mensch (vielleicht der Akteur selbst) oder ein anderes Lebewesen empfindet. Die Sprache und der Wahrheitsgehalt dieser Werke sind immer subjektiv.

Kinder kommentieren die Verwendung heller und dunkler Farbnuancen als heiter oder traurig, als warm oder kalt, als fröhlich oder wütend. Durch Farbe lassen sich Empfindungen ausdrücken, die man mit Worten nicht fassen kann. Die Farbe könnte man das Licht der Seele nennen.

Aber farbig erscheint auch das Licht der äußeren Welt. Dies ist physikalisch zu erklären. Denn tatsächlich sind alle Farben in dem uns weiß erscheinenden Sonnenlicht vermischt. Jede Farbe hat ihre eigene Wellenlänge. Weil unser Auge fähig ist, die Strahlung bestimmter Lichtwellen wahrzunehmen, können wir Farben erkennen. Langwelliges Licht (infrarot) und kurzwelliges Licht (ultraviolett) können wir nicht sehen, im Gegensatz zu zahlreichen tierischen Lebewesen.

Ein schönes Beispiel ist der Regenbogen, der uns das weiße Licht in Farben aufschlüsselt. Neben dem äußeren Rot entstehen die Farben Orange, Gelb, Grün, Blau, Indigo (Dunkelblau), Violett. Diese Lichterscheinung entsteht, wenn das Sonnenlicht in den Tropfen eines fortziehenden Regenschauers gebrochen und zurückgespiegelt wird. Gebrochenes weißes Tageslicht zerfällt in bunte Splitter. Auf der Brechung des weißen Lichtes beruht auch das Geheimnis geschliffener Gläser und Kristalle, die das Farbspektrum der Regenbogenfarben aufblitzen lassen.

Rot, Gelb und Blau sind deutlich zu erkennen. Es sind dies die drei Haupt- oder Primärfarben, aus denen alle anderen Farben gemischt sind.

Wenn man zwei Primärfarben miteinander mischt,

entstehen die Sekundärfarben. Aus Rot und Gelb wird Orange, Gelb und Blau mischt sich zum Grün, Blau und Rot schließt mit der Mischfarbe Violett den Farbkreis (Abb. 39).

Grau entsteht durch die gleichmäßige Mischung der drei Primärfarben.

Tertiärfarben entstehen durch die ungleichmäßige Mischung der drei Primärfarben.

Im Grunde benötigt man also nur die drei Grundfarben. Dies gilt auch für die Verwendung von Wachsmalstiften. Werden sie übereinandergemalt, entstehen die unterschiedlichen Mischfarben. Deshalb reicht es aus, kleinen Kindern anfangs nur die drei Hauptfarben als Malmittel anzubieten.

Auch für den Erwachsenen ist es spannend, einmal mit den Farben zu experimentieren, um ihre ganze Vielfalt kennenzulernen. Aussagen zur Farbenlehre reichen von Goethe bis Lüscher. Besonders auf dem Fachgebiet der Psychologie wurden unterschiedliche Ideen über die Bedeutung von Farben entwickelt, die jedoch umstritten sind.

Eine letztlich gültige Zuordnung von Farben und Charakteren oder Stimmungen kann es jedoch nicht geben. Denn jeder Mensch lernt im Kindesalter die Bedeutung der Farben ganz individuell über farbentragende Erscheinungen aus der Umwelt kennen. Als prägnantes Beispiel sei hier die Farbe der Trauer genannt, die in unterschiedlichen Kulturkreisen das Tragen schwarzer oder weißer Kleidung erfordert.

Farben in Kinderzeichnungen sind also niemals eindeutig interpretierbar. Die äußere persönliche Situation des Kindes muß berücksichtigt werden, wenn man die Farben ausdeuten will.

Aber nicht nur die tatsächliche Farbe wirkt auf den Betrachter, sondern auch der Eindruck, den sie neben anderen Farben oder als Farbklecks in anderen Farben macht. Das Nebeneinander der Farben spielt eine Rolle für Empfindungen von Harmonie und Disharmonie, Kälte und Wärme, Innen und Außen, Nähe und Ferne.

Gerade kleine Kinder versehen Farbwirkungen mit adjektiven Erläuterungen, wenn sie ihre Darstellungen kommentieren; da kann ein Rot heiß oder wild oder lustig sein, ein Gelb vielleicht warm, dick oder strahlend, ein Orange fröhlich usw. Die vom Kind empfundene Stimmungslage ist dem Betrachter nicht unbedingt nachvollziehbar, er empfindet vielleicht bei der Betrachtung das Rot eher als wütend, das Gelb eher als spitz und scharf.

Trotzdem spielen Farbtests in psychologischen Untersuchungen eine Rolle, denn man hofft aus den Farben, die ein Mensch bevorzugt oder ablehnt, Rückschlüsse auf seine seelische oder charakterliche Befindlichkeit zu ziehen.

Jede Farbe kann in matten oder intensiven Abstufungen erscheinen. Sie verfügt aber dennoch über einen grundsätzlichen kollektiven Charakter. Nur unter diesem Aspekt sind die nachfolgenden Übungsvorschläge, Farbbemerkungen und Assoziationen (gedanklichen Vorstellungen, die mit einer bestimmten Farbe verknüpft werden) aufzufassen. Sie können als Anregungen dienen: zum Nachdenken, zum Miteinander-Sprechen oder zum gemeinsamen Malen.

Ein unterhaltsames Familien- oder Gruppenspiel, das man gut mit Schulkindern spielen kann, sei zuvor noch erwähnt: das Personen-Farb-Spiel. Man braucht die drei Grundfarben: Rot, Gelb, Blau und kann nach Belieben, wenn z.B. Schulkinder und Erwachsene mitmachen, die Farbpalette ausweiten auf zusätzlich: Grün, Orange, Violett, Grau, Braun und Schwarz. Jeder Anwesende malt Blätter einfarbig oder zweifarbig aus und ordnet sie jeweils einer Person zu. Jeder Mitspieler erhält also von den anderen jeweils eine oder zwei oder mehrere unterschiedliche Farbzuordnungen. Diese können sich sowohl als übereinstimmend erweisen als auch voneinander abweichend. Es kann vorkommen, daß eine Person von allen anderen z.B. mit Rot charakterisiert wird. Bei einer anderen Person hingegen ergeben sich mehr als zwei Farbzuordnungen z.B. Rot, Braun, Gelb.

Was bedeutet das? Ähneln sich die unterschiedlichen Farbzuordnungen von der Grundfarbe her oder handelt es sich um gegensätzliche Einstufungen? Welche affektiven (gefühlsbetonten) Eigenschaften sollen die jeweiligen Farben ausdrücken? In diesem kommunikativen Spiel sagt jeder etwas über einen anderen aus und erfährt etwas über sich selbst. Doch nun die

Übungen und Bemerkungen zum basalen Charakter der einzelnen Farben.

ROT

Übung:

- Ein ganzes Blatt rot malen, entweder mit Aquarellfarbe (vorher das Papier einweichen) oder mit Stockmar Wachsmalblöckchen. Dann das Rot betrachten und auf sich wirken lassen, aufschreiben oder sagen, was man empfindet. Welche gefühlsmäßigen Bedeutungen hat Rot?
- In das Rot eine andere Farbe hineinklecksen. Wie wirkt das Rot nun? Hat sich seine Wirkung verändert? Wie harmoniert Rot mit Blau oder Gelb?

Anmerkungen:

Rot ist eine Farbe, die in allen Kulturen bekannt ist und auch von Kindern gerne benutzt wird. Eine bunte Kinderzeichnung ohne Rot ist kaum vorstellbar. Die rote Farbe sticht hervor, macht sich wichtig, drückt andere Farben beiseite, ist unübersehbar, wirkt auch aggressiv und motorisch bewegt. Ihr Fluidum ist nicht ätherisch und flüchtig, sondern handfest, kräftig und zusammengeballt. Denken wir an den roten Sonnenball, der ins Blau des Himmels steigt oder im Blau des Meeres versinkt – eine lebenslang faszinierende Erscheinung. Rot hat Durchschlagskraft, springt den Betrachter nah und warm an. Es kann sogar heiß und glühend wirken, erinnert an Feuer und Blut. Rot ist die

Farbe des Sieges und des Triumphes, nicht die Farbe der Niederlage. Rot symbolisiert das Gewalttätige und Draufgängerische, das Berstende und Zornige, aber auch die wild aufschäumende Freude und Lust. Verwegene Entschlossenheit, kraftstrotzende Energie, nicht Furcht vor Tod und Teufel – das alles signalisiert die Farbe Rot.

Im Verhalten eines Menschen, dem überwiegend die Farbe Rot zugeordnet wird oder der sie sich als Lieblingsfarbe wählt, lassen sich oft viele der oben genannten Eigenschaften wiederfinden. Beispielsweise wird einem vorwiegend nachdenklich oder zurückhaltend oder gar phlegmatisch wirkenden Menschen schwerlich die rote Farbe zugeordnet. Einem cholerischen Temperament entspricht sie schon eher. Aber nicht alle Menschen mit Vorliebe zu Rot sind deshalb gleich als Choleriker einzustufen. Von simplen Deutungen ist abzuraten. Das gilt auch für alle anderen Farbinterpretationen.

GELB

Übung:

- wie bei ROT
- Das gelbe Blatt wird mit einem farbigen Rand umgeben, quasi eingerahmt. Auf einem anderen Blatt einen farbigen Kreis (oder ein Quadrat) mit Gelb umgeben. Wie wirkt das eingefaßte Gelb und das uneingerahmte Gelb aus der ersten Übung?

Anmerkungen:
Um die Wirkung des Gelb deutlich zu verspüren, muß ein reines Gelb auf ein weißes Blatt aufgetragen werden. Es darf nicht mit Rot in den Bereich Orange oder Blau in den Bereich Grün abgetönt sein. Denn beide Farbabstufungen, Rot-Gelb wie Grün-Gelb, wirken konträr. Dem weich-warmen Rot-Gelb steht das hartkühle Grün-Gelb gegenüber. Genau dazwischen liegt das Reine Gelb und verströmt sich sanft und heiter. Es entgrenzt, fließt aus, verstrahlt sich. Ohne Umrahmung verliert es sich, löst sich auf. In dieser Wirkung entspricht es dem Gegenteil vom zusammengeballten Rot.

Gelb findet in Kinderzeichnungen zuerst Anwendung als Sonne. Eine strahlend gelbe Sonne fesselt den Blick, sie ist unübersehbar. Dies hat auch eine physiologische Bewandtnis. Denn unter den Sektoren zur Farbwahrnehmung im menschlichen Auge ist der Gelbsektor am ausgeprägtesten. Gelb wird auch in den äußeren Bereichen des Sehfeldes unter allen Farben als erste erkannt. Aufgrund dieser Erkenntnis werden gelbe Verkehrs- und Warnschilder eingesetzt. Als leuchtfarbener Filzstift (Textliner) ist Gelb sehr beliebt zum Markieren von Textstellen oder Zeilen.

Während das reine Gelb zweifellos eine flüchtigätherische Wirkung erzielt oder eine klare und heitere Sanftheit verströmt, kennen wir für Gelb auch Zuordnungen wie Mißgunst, Neid, Eifersucht und Ekel.

Im Volksmund heißt es: Jemand ist gelb vor Neid

oder kriegt vor Ekel die Gelbsucht. Wenn jemand sich grün ärgert, zieht sich die gelbe Farbe in Richtung Blau, wo das Gelb zu einem gefährlichen Giftgrün avanciert. In Richtung auf Rot gewinnt das Gelb an Wärme und Deutlichkeit, es verliert seine Tendenz auszuströmen und strahlt konzentriert, aber ohne aggressive Ausdruckskraft. Gelb erregt stets Aufmerksamkeit, es wirkt grell blendend, klar hervorstechend oder auch ungebündelt auslaufend. Es befindet sich in ständiger Gefahr umzukippen in Richtung auf Rot oder Blau und sich in diesen Farben zu verlieren. Interpretationen im Hinblick auf menschliche Eigenschaften lassen sich deshalb auch in dieser gesamten Spannbreite finden, vom heiter-sonnigen bis zum ärgerlich-neidischen Gemüt.

BLAU

Übung:

- wie bei ROT
- Auf einem weißen Blatt in der Mitte einen breiten Streifen Blau einfärben. Jetzt vom rechten Blattrand kommend, rote Farbe auftragen und richtig ins Blau hineintragen. Blau und Rot ergeben vermischt eine neue Farbe, welche?
  Dann vom linken Blattrand kommend, gelbe Farbe bis tief ins Blau hineinziehen. Welche Farbe ist nun entstanden?
  Wie unterscheiden sich die neuen Farben voneinander, welche erscheint wärmer und gefühlsmäßig

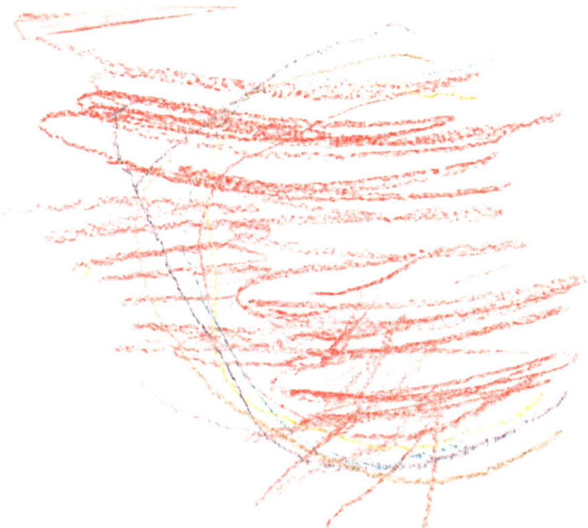

Abb. 1: 3 Jahre 11 Monate, Mädchen

Abb. 2: 3 Jahre 6 Monate, Mädchen

Abb. 3: 4 Jahre, Mädchen

Abb. 4: 5 Jahre 4 Monate, Mädchen, geistig behindert (Down-Syndrom)

Abb. 5: 5 Jahre 10 Monate, Mädchen

Abb. 6a–c: Sandsteinplatten, Mitteleuropa, ca. 650–750 v. Chr.

Abb. 7: 4 Jahre 10 Monate, Mädchen

Abb. 8: 4 Jahre 7 Monate, Mädchen

Abb. 9: 4 Jahre 6 Monate, Mädchen

Abb. 10: 5 Jahre 11 Monate, Mädchen

Abb. 11: 5 Jahre 8 Monate, Mädchen

Abb. 12: 6 Jahre 10 Monate, Mädchen

Abb. 13: 6 Jahre 10 Monate, Mädchen

Abb. 14: 7 Jahre 3 Monate, Mädchen, geistig behindert (Down-Syndrom)

Abb. 15: »Kykladen-Pfanne«, Naxos, um 2000 v. Chr.

Abb. 16: 6 Jahre 11 Monate, Mädchen, geistig behindert

Abb. 17: 3 Jahre 11 Monate, Junge

Abb. 18: 3 Jahre 9 Monate, Mädchen

Abb. 19: 7 Jahre 5 Monate, Mädchen, geistig behindert (Down-Syndrom)

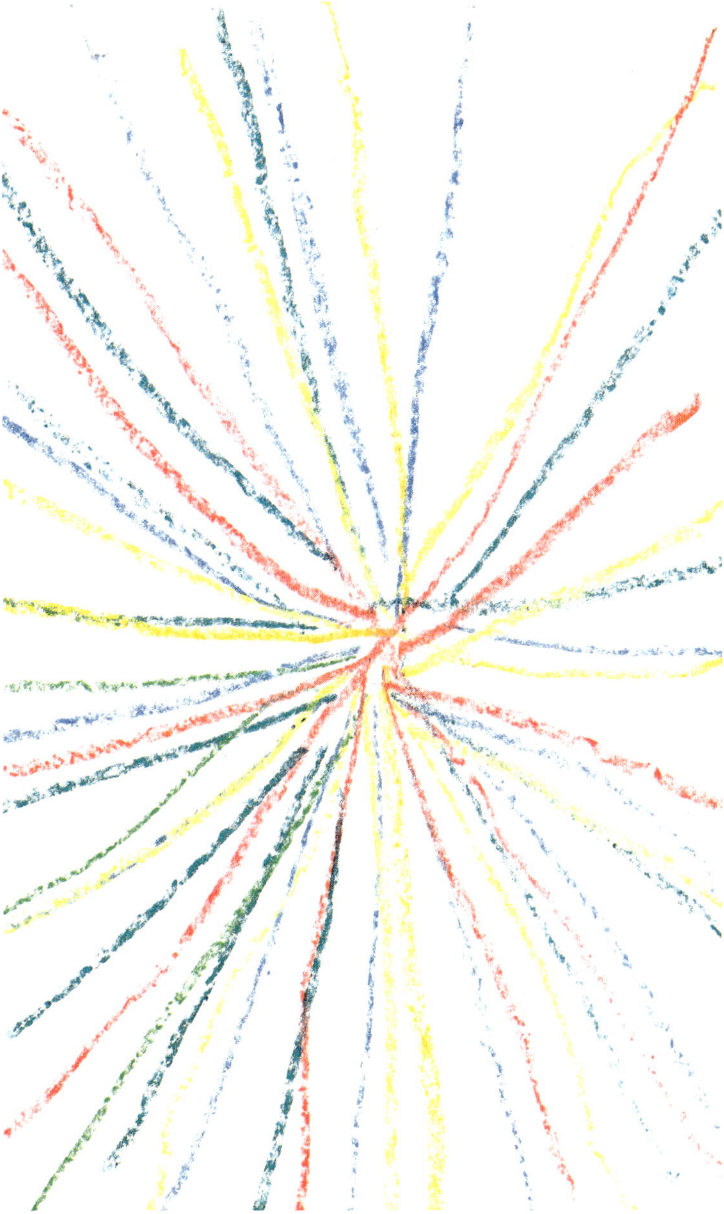

Abb. 20: 4 Jahre 11 Monate, Mädchen

Abb. 21: 7 Jahre 5 Monate, Junge

Abb. 22: Radkreuze (Sonnensymbole), europäischer Norden, ca. 1500 v. Chr.

Abb. 23: 7 Jahre 5 Monate, Mädchen, geistig behindert (Down-Syndrom)

Abb. 24: Steinstele in schematisierter Menschengestalt, Avignon, ca. 2200 v. Chr.

Abb. 25: Steinzeitliche Felszeichnung, europäischer Norden, zwischen 3500 und 2200 v. Chr.

Abb. 26: 5 Jahre 7 Monate, Mädchen, geistig behindert (Down-Syndrom)

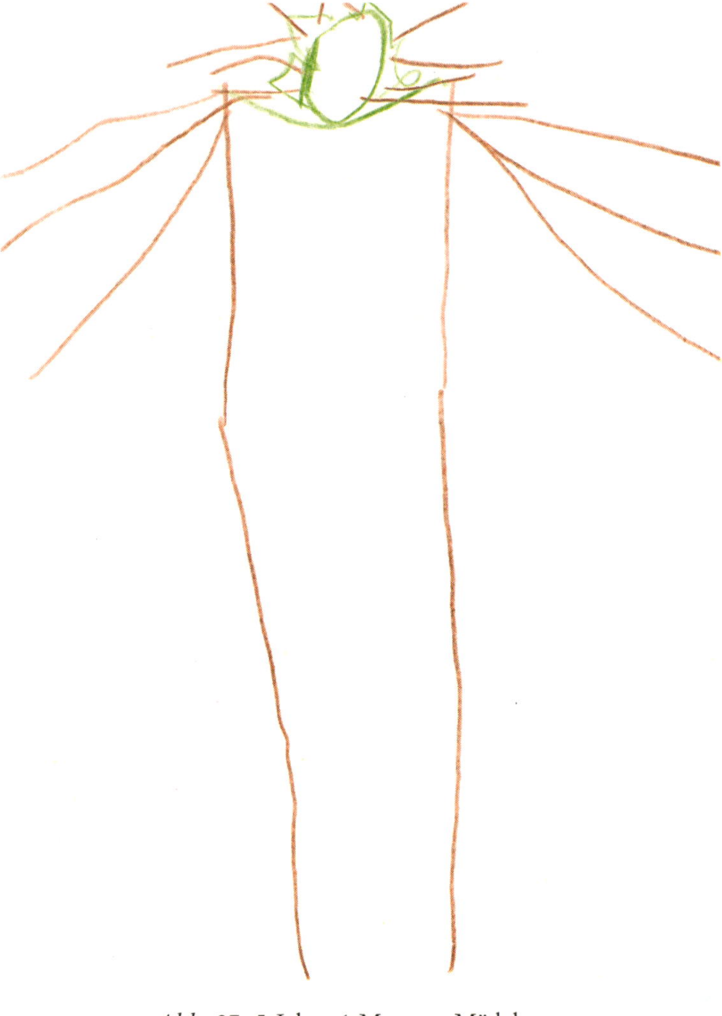

Abb. 27: 5 Jahre 6 Monate, Mädchen

Abb. 28: 6 Jahre 11 Monate, Mädchen, geistig behindert

Abb. 29: 4 Jahre 4 Monate, Mädchen

Abb. 30: 4 Jahre 6 Monate, Mädchen

Abb. 31: 5 Jahre 10 Monate, Mädchen

Abb. 32: 7 Jahre 2 Monate, Junge

Abb. 33: 6 Jahre 7 Monate, Junge

Abb. 34: 6 Jahre 10 Monate, Mädchen

Abb. 35: 8 Jahre, Mädchen, geistig behindert (Down-Syndrom)

Abb. 36: 8 Jahre, Mädchen, geistig behindert (Down-Syndrom)

Abb. 37: 4 Jahre 2 Monate, Mädchen

Abb. 38: 6 Jahre 8 Monate, Mädchen

Abb. 39: Farbkreis

Abb. 40: 6 Jahre 11 Monate, Mädchen

Abb. 41: 7 Jahre 4 Monate, Mädchen, geistig behindert (Down-Syndrom)

Abb. 42: 6 Jahre 1 Monat, Mädchen

Abb. 43: 7 Jahre 6 Monate, Mädchen

Abb. 44: Gemeinschaftsarbeit mit 7jährigen

Abb. 45: Collage, 8 Jahre 7 Monate, Mädchen

Abb. 46: 10 Jahre, Mädchen, körperbehindert (li)
Abb. 47: 11 Jahre, Mädchen, geistig behindert (re)

eher aufgeladen, welche kälter und emotional distanzierter?
Diese Wirkungen der Farben rufen Erinnerungen hervor.

- Schreiben Sie auf ein Blatt alle spontanen Gedanken zu den neugefundenen Mischfarben Blaugrün und Violett auf.
  Kleine und große Kinder können hier mittun. Wichtig ist nur, daß man über die Farbwirkung zuerst nicht diskutiert, sondern ohne zu überlegen seine Gedanken und Erinnerungen aufschreibt. Schließlich kann man vergleichen, woran die einzelnen Farben die Mitspieler erinnerten, und dabei noch mehr über den Charakter von Blau und seinen benachbarten Farbabstufungen herausfinden.

Anmerkungen:
Blau hat eine dem Rot gegenteilige Wirkung. Es springt nicht lebhaft dem Betrachter entgegen, sondern zieht ihn eher zu sich hinab wie in eine klare, kühle Tiefe. Während Rot das laut nach außen Drängende symbolisiert, steht Blau für das leise Innere, für das passiv Hinabsinkende und Zurückgezogene.

Blau ist die Farbe des Himmels und des Meeres, beides ist auf gewisse Art durchscheinend, leer und weit und vermittelt ein Gefühl der Ruhe und Entspannung. Man gerät leicht ins Träumen, wenn man ins »Blaue« schaut; man »fährt ins Blaue« und meint damit einen Ausflug, auf dem man den Alltag hinter sich läßt; mancher »ist blau«, weil er im Übermaß dem Alkohol zugesprochen hat und seine Beherrschung und Fassung verschwimmen, sein Inneres scheint durch, und er spricht die wahren Gedanken aus, die ihn bewegen; wer Schule oder Arbeit schwänzt, »macht blau«, auch hier wieder der Hinweis darauf, daß der Aktivität und Pflicht die Passivität und Muße vorgezogen werden.

Meditative Kräfte, Wahrheit, Reinheit, Treue sind Eigenschaften, die der Farbe Blau zugesprochen werden.

Nach Überlegungen zu den drei Primär- oder Grundfarben nun noch einige Bemerkungen zur Bedeutung und zu dem Charakter einiger wichtiger Mischfarben:

GRÜN spielt hier eine herausragende Rolle. Seine Position erscheint eigenständig, so als sei es eine Grund- und keine Mischfarbe. Sicherlich ist das auch auf das Erlebnis »Umwelt« zurückzuführen. Grün ist eine Farbe, mit der wir hierzulande von Anfang an konfrontiert sind und aufwachsen. Sie erscheint als von sich aus existent, denn Gras, Bäume, Blumen – alles ist grün. Kleine Kinder verlangen nach grünen Stiften, weil ihnen eine Farbe zu fehlen scheint, wenn wir nur Gelb, Rot und Blau anbieten. Es ist ein besonderes Erlebnis zu erkennen, daß Grün beim Mischen von Blau und Gelb entsteht. Diese Erfahrung macht ein Kind am ehesten, wenn man ihm zu Beginn seiner zeichnerischen Aktivität wirklich nur die drei Primärfarben zur Verfügung stellt. Es schärft die Wahrnehmung und das Farbbewußtsein des Kindes, wenn man abwartet, bis es selbständig das Grün als Mischfarbe entdeckt hat und ihm erst danach grüne Stifte zum Malen anbietet.

Der Charakter der Farbe Grün ist weder so aktiv wie der des Rot noch so passiv wie der des Blau. Grün liegt dazwischen, rund und anspruchslos und zufrieden. Die Volkssprache nennt Grün die Farbe der Hoffnung, des knospenden Aufbruchs, des Frühlings. Grün ist eine ruhige Farbe, hat aber eine Tendenz zur Aktivität. Auf solche Weise symbolisiert es die »Ruhe vor dem Sturm« und wird in Richtung Gelb aggressiv und giftig. In Richtung auf Blau wird Grün immer träger, sein Charakter verfällt, wird ausdrücklich passiv, bis es schließlich versumpft.

VIOLETT ist die dunkelste Farbe im Farbkreis (Abb. 39) und entsteht beim Mischen von Rot und Blau. In dieser Farbe treffen also Aktivität und Passivität, Unruhe und Ruhe, Wärme und Kühle aufeinander. Violett symbolisiert die Ausgeglichenheit dieser Eigenschaften, sie hält das Gleichgewicht zwischen Bewußtsein und Unbewußtsein, zwischen Verstand und Leidenschaft. Als solches charakterisiert, hat sich die römisch-katholische Kirche das Violett als Farbe des gereiften Menschen gewählt. Die kirchlichen Kleidervorschriften erlauben violette Farbe nur für Kardinäle und Märtyrer.

ORANGE ist eine strahlende Farbe, gemischt aus Rot und Gelb. Sie vermittelt das Erlebnis von Wärme, Aktivität und entspannter Gespanntheit. Fröhlich und unternehmungslustig, ja geradezu glücklich macht das Betrachten der orangefarbenen Sonne am Morgenhimmel. In den europäischen Winter trägt die orangefarbene Apfelsine Licht, Leben, Freude und Gesundheit hinein.

Neben diesen einfachen Mischfarben gibt es noch zwei weitere, nämlich Braun und Grau. Sie werden jeweils aus Rot, Gelb und Blau gemischt.

GRAU ist die Mischung von je gleichen Teilen dieser drei Hauptfarben.

BRAUN ist die Mischung von je unterschiedlichen Anteilen der drei Hauptfarben, wobei das Rot dominiert.

Beim Ockerbraun überwiegt das Gelb, und beim Olivbraun überwiegt das Blau oder Grün. Diese Farben nennt man Tertiärfarben.

Neben dieser bunten Palette kennen wir noch das Weiß und das Schwarz. Eigentlich sind es zwei Nicht-Farben, zwei Unfarben, die sich polar gegenüberstehen. Sie entsprechen der Wirkung von Hell und Dunkel, Gut und Böse, Ja und Nein. Sowohl Weiß als auch Schwarz können als die Abwesenheit und als die Summe von Farben gedeutet werden.

WEISS wird von Kindern schon deshalb kaum benutzt, weil man es auf weißem Papier nicht sieht. Aber es ist außerdem auch zu leer und nichtssagend für die vitalen Bedürfnisse des Kindes, sich auszudrücken. Lediglich die Darstellung von Schnee – als Flocken oder Schneemann – wird regelmäßig in weißer Farbe vorgenommen.

SCHWARZ als massiver Farbeinsatz ist bei Kinderzeichnungen nicht üblich. Manche älteren Kinder benutzen einen schwarzen Stift zur Verdeutlichung von Strukturen, z.B. Blattadern, Automotor, Leiter. Kleinere Kinder löschen manchmal mit schwarzer Farbe aus, was sie bereits gemalt haben – das Gemalte verschwindet unter der Schwärze, ist also weg und beseitigt, weil es nicht mehr zu sehen ist. Auch unliebsame oder überflüssige Bildobjekte werden auf diese Art beseitigt. Dieses zeichnerische Verhalten ähnelt dem Versteckspiel des Kleinkindes, das nämlich meint, man könne es nicht mehr sehen, wenn es sich die Augen zuhält.

Sehr vitale, selbstbewußte Kinder benutzen Schwarz manchmal als Ausdruck ihrer gewünschten oder erlebten Dominanz. Wenn ein Kind sehr regelmäßig und stets für die gleichen Motive schwarze Farbe verwendet und viel darunter versteckt, ist dies ein Anlaß zu Überlegungen. Denn schwarze Übermalungen oder Schattierungen können auch auf kindliche Problemfelder hindeuten. Die Häufigkeit und Intensität der absichtlichen Verwendung von Schwarz erlaubt im Verein mit anderen analytischen Mitteln Rückschlüsse auf seelische Zustände wie Hemmung, Angst und Wut.

Kinder mit Sprachdefekten zeichnen sich häufig einen schwarzen Mund und drücken so ihre Wut und Traurigkeit aus über ihre Unfähigkeit, die vielleicht gar zu Wut oder Zurückweisung bei den Eltern führt.

Absichtlich schwarz gemalte Gesichter lassen auf Angst schließen. Das Kind malt sich selbst oder jemanden, der sich nicht zeigen will, der sich versteckt, der Angst und wenig Selbstvertrauen hat. Die Bedeutung eingeschwärzter Körperteile und Gliedmaßen kann durch Hinterfragen, Erspielen oder durch Rollenspiele genauer ermittelt werden. Vielleicht hat das Kind mit der organischen Funktion eines geschwärzten Körperteils Schwierigkeiten (z.B. schwarze Beine bei einem querschnittgelähmten Kind; schwarze Arme oder Hände, wenn das Kind öfter »mein« und »dein« verwechselt und anderen etwas wegnimmt; oder wenn Sexualität tabuisiert wird und sexuelle Aktivität ein schlechtes Gewissen auslöst).

Eine Bewertung des Schwarz als reine Negativfarbe ist wohl kaum angebracht, da die Dunkelheit zwar etwas verbirgt, aber ebenso etwas hervorbringen kann. Eher ist es als eine Farbe des Übergangs und des Ausbrütens zu werten, worauf auch die Volkssprache hinweist: Man »tappt im dunkeln«. Doch dieses Umhertappen im ungewissen währt nicht ewig.

Das Bild wird zur Szene

Zwischen dem fünften und siebenten Lebensjahr, wenn das Kind sich deutlich als eigene Persönlichkeit erlebt, wendet sich sein Blick den Ereignissen des Alltags in neuer Distanziertheit zu. Es erweitert sozusagen seinen Blickwinkel, schaut hinaus über die ausschließlich auf sich selbst bezogene Erlebniswelt und wird aufmerksam auf die Vorgänge in der äußeren Welt.

Diese Vorgänge und zeitlichen Abläufe, in denen das Kind lebt; die Jahresfeste, die regelmäßig gefeiert werden, besonders Weihnachten, Ostern und der Geburtstag; der Sommer- oder der Winterurlaub; vorgelesene Märchen und belauschte Berichte Erwachsener; das alles greift Raum in der Wahrnehmung und erobert sich einen festen Platz in der Vorstellungs- und Erinnerungswelt des Vorschulkindes.

Die bildgestalterischen Kräfte eines angehenden Schulkindes beruhen auf seinem beobachtenden Interesse an der Umgebung und seinen Erklärungen, die es für alltägliche Erscheinungen und Rhythmen findet. Der sich nun ausprägende ästhetische Sinn unterstützt diese Aufgeschlossenheit durch die Verwendung fröhlicher Farben und großzügiger Formen.

Zeichnerische Darstellungen, die das Kind dieser Altersstufe aus eigener sinnlicher Anschauung formuliert, verbindet es nun mit begrifflichen Reflexionen. Beispielsweise das »Radkreuz« und das »Mandala-Zeichen«, beide werden in den Kinderzeichnungen nun in einen Funktionszusammenhang mit den anderen Bildobjekten und der Bildthematik gebracht; in Abbildung 13 fungieren »Radkreuze« als Kutschenräder. So und auf ähnliche Weise werden die Elemente der frühkindlichen Bildersprache nun in einen funktionalen Zusammenhang gebracht. Eine derartige Verquickung sinnlicher und begrifflicher Formenerlebnisse markiert das Erreichen einer neuen Bewußtseinsstufe in der kognitiven Entwicklung. Dazu gesellt sich bald auch eine gewisse konzentrative Anspannung – also eine Art von Arbeitshaltung –, die das Kind bei seiner zeichnerischen Tätigkeit einnimmt. Es greift nämlich nicht mehr willkürlich nach Papier und Malwerkzeug. Vielmehr bereitet es sein Bild vor, indem es die Malutensilien bereitlegt und sich zu einem Bildthema entschließt. Der Phantasie und Farbenfreude wird dann innerhalb dieses Themas Platz eingeräumt.

Ein Kind, welches in der Lage ist, die Elemente und ornamentalen Symbole illustrativ zu verwenden, gewinnt gestalterische Freiheit. Diese wiederum ermöglicht ihm die zeichnerischen Darstellungen von Gegenständen und Inhalten, die bei dem Betrachter den Effekt des Wiedererkennens auslösen.

Wurde zuvor die Menge des Wahrgenommenen summarisch auf einem sogenannten Streubild zusammengetragen, so ordnet das Kind nun die Elemente des Bildes zu einem realistischen und situationsgerechten Abbild. Das Bild wird zur wiedererkennbaren Szene.

Das Kind ist durch den neuen Entwicklungsschritt in der Lage, reale wie auch vorgestellte Szenen zu illustrieren.

Im Katalog der Bildinhalte dieser Altersgruppe finden sich neben naturalistischen Darstellungen auch Wünsche und Vorstellungen ganz persönlicher Art. Alle Motive, die zur Darstellung dieser Thematiken verwendet werden, sind dem Schema nach frei verfügbar und wiederholbar. Damit soll gesagt sein, daß Menschen oder Häuser oder andere Bildobjekte von nun an auch individuell erkennbar werden, weil das Kind eine ihm eigene Art des Zeichnens und Malens kultiviert. Zwar ähneln sich die Menschen und Häuser der meisten Kinder auf dieser Entwicklungsstufe, aber dennoch unterscheiden sie sich bereits hinsichtlich ihrer individuellen Gestaltungsmerkmale. Dies ist das äußere Merkmal für die Entwicklung einer ganz eigenen Persönlichkeitsstruktur, die sich im Verlaufe des psychologischen Reifungs- und Differenzierungsprozesses ausbildet.

Außer den gegenständlich-illustrativen Zeichnungen ist die Komposition ornamentaler Szenarien zu abstrakten Illustrationen nicht selten (Abb. 40). Kindern gelingen hier oftmals erstaunliche Entwürfe.

Neben der Gliederung der Elemente nimmt das

Kind nun auch eine Ordnung des Raumes vor. Himmel und Erde werden als zwei unterschiedliche Sphären deutlich voneinander getrennt. Dies ist auf zahlreichen hier im Buch abgebildeten Kinderzeichnungen erkennbar.

Eine weitere Neuerung drückt sich in den zeichnerischen Versuchen zur wahrgenommenen Dreidimensionalität der umgebenden Welt aus. Das Kind hat die Räumlichkeit der Dinge erkannt. Menschen und Gegenstände versucht es deshalb in Seitenansicht darzustellen. Jedoch muß das Kind erst eine Weile experimentieren, bevor es eine objektiv befriedigende Darstellung erreicht. In Abbildung 33 und 34 haben Kinder Profilansichten von stehenden und sitzenden Menschen, von Vögeln, von Tischen und Stühlen aufgezeichnet. Weitere Profilansichten von Mensch und Tier finden sich auf den Abbildungen 13 und 14. Das Profil entwickelt sich von der Vorder- zur Seitenansicht. Im Verlauf dieser Perspektivänderung entstehen Porträtbilder mit gleichzeitiger Vorder- und Seitenansicht oder Profile mit gedoppelten Nasen, Augen oder Mündern. Häufig wird auch an einem runden, kahlen oder behaarten Kopf außer einem einzigen Auge alles andere weggelassen.

Kinder, die sich der Schulreife nähern, verfügen zunehmend über die Fähigkeit zur präzisen und skizzenhaften Aufzeichnung von Ereignissen aus der freien Vorstellung und Erinnerung.

»Ich mache die Augen zu und sehe das Bild und die

Farben vor mir.« So ließe sich diese Vorstellungskraft beschreiben.

Aus der skizzenhaften Aufzeichnung eines siebenjährigen Mädchens entnehmen wir, daß es sich offensichtlich an ein Segelschiff erinnert, das mit zwei Personen an Bord übers Wasser schipperte (Abb. 41).

Ein anderes Bild heißt: »Das Christkind kommt« (Abb. 42). Es gibt Auskunft darüber, wie ein sechsjähriges Kind sich dieses Ereignis vorstellt. Die himmlische Sphäre, der das Christkind zugeordnet wird, erstreckt sich über fast den gesamten Bildhintergrund. Nur ein schmaler, grüner Streifen symbolisiert die Erde. Die Wahl der dunkelblauen Farbe vermittelt einen nächtlichen Eindruck voller Ruhe und Klarheit, der die Befindlichkeit des Kindes widerspiegelt und den Betrachter des Bildes gefangennimmt. Die Ausdruckskraft der Darstellung beruht sicher nicht allein auf der zeichnerischen Fertigkeit, sondern eben auch auf einer seelischen Komponente, einer inneren Verbundenheit dieses Kindes mit dem Christfest.

In den Kinderzeichnungen dieser Entwicklungsstufe finden sich neben aller Konkretheit also auch weiterhin Hinweise auf die persönliche Befindlichkeit.

Die illustrativ-gegenständlichen Darstellungen sind keinesfalls frei von affektiven (gefühlsbetonten) Momenten und entwicklungspsychologischen Anhaltspunkten.

Die Wahl der Farben, die Darstellung der Perspektiven, die Raumordnung, die Größe oder Kleinheit der Figuren, die Fülle oder die Leere eines Blattes, eine Betonung der rechten oder der linken Bildhälfte, die Reihenfolge der gezeichneten Bildobjekte – in all dem lassen sich Hinweise für eine ungestörte Entwicklung des Kindes finden oder auch für ernsthafte Störungen. Doch derartige Analysen bleiben besser dem entsprechend ausgebildeten Psychologen oder Psychotherapeuten überlassen.

Zur Vervollständigung des Kapitels möchte ich noch eine interessante perspektivische Variante in der Kinderzeichnung erwähnen. Das ist das sogenannte Drehbild (Abb. 43).

Es handelt sich hier um eine Zeichenmethode, die sowohl von Vorschulkindern wie auch von Grundschulkindern der unteren Klassen praktiziert wird.

Der Name Drehbild beschreibt eigentlich schon die Methode: Auf einem Blatt Papier wird rings um den Mittelpunkt gemalt. Die Blattkanten bilden also fast immer den unteren Teil eines Motives. Daß dabei stellenweise Darstellungen förmlich »auf dem Kopf stehen«, scheint die Kinder nicht zu stören. Hinzu kommt häufig als Blickpunkt des Sehenden die Vogelperspektive, die Dinge werden also von oben aus betrachtet.

Auf diesen Bildern ist es für den Betrachter nicht möglich, von einem Standpunkt aus alle Motive aufrecht wahrzunehmen. Ebenso verhält es sich bei den

Spiegelbildern, wo das Blatt einmal auf den Kopf gedreht wird, um dort die Zeichnung zu wiederholen.

Auf manchen Drehbildern zeichnen Kinder eine geschlossene Szene, z. B. die Zimmer eines Hauses samt Inventar und Personen aus Vogelperspektive. Bodenlinie ist jeweils der Blattrand. Auf anderen Drehbildern finden wir eine Fülle unterschiedlicher Szenen, die scheinbar keine Beziehung zueinander haben.

Ein Zugang zum Verstehen ließe sich darin finden, daß all diese dargestellten Motive von dem Kind auf die eine oder andere Weise erlebt wurden. So gesehen, wäre das Bild die summarische Aufzählung von Erfahrungsinhalten, in deren Mittepunkt sich das Ich des Kindes befindet.

Ist das Drehbild also eine Variante und Weiterentwicklung von Ich-Formen, die wir auf vorhergehenden Entwicklungsstufen als geschlossene Kreisform und Kreuzform und Spirale kennengelernt haben?

Für solch eine Vermutung spräche zumindest eine deutlich erkennbare Ich-Bezogenheit der Darstellung.

In der Abbildung 43 begegnen wir einer solchen Beziehung zwischen Welt und Ich. In abstrakten und naturalistischen Formulierungen der kindlichen Bildersprache beschreibt ein siebeneinhalb Jahre altes Kind seinen Standpunkt in der Welt. Es illustriert die unterschiedlichen Erlebensbereiche, die Ebenen der Wahrnehmung und bedient sich dabei ornamentaler und gegenständlicher Gestaltungsmöglichkeiten.

Die verschlüsselte Botschaft des quadratischen Bildmittelpunktes wird deutlicher durch das Dach, welches vom Kind kurz vor Beendigung des Bildes aufgesetzt wurde. Aus dem abstrakten Quadrat entsteht dadurch ein Haus.

Damit meint das Kind aber nicht das Haus, in dem es wohnt – dieses wurde nämlich später am rechten Rand aufgezeichnet. Mit dem »Haus« in der Bildmitte spricht das Kind vielmehr von seinem Erlebnis hier auf dieser Erde, in dieser Welt zu Hause zu sein. Das Dach seines »Hauses« besteht aus Himmel und Nachtgestirnen. Im Mittelpunkt befindet sich ein spiraliger Kreis. Er kann als Ich-Form gedeutet werden. Der Kreis strahlt in vielfarbigen Feldern nach außen, greift aber nicht über das Quadrat hinaus. Die »Hauswände« werden so zu Grenzlinien zwischen der inneren und der äußeren Welt des Kindes. In ein mittleres oberes Feld des »Hauses« hat sich das Kind selbst hineingezeichnet. So ergänzt es und verstärkt es seine abstrakte Ich-Darstellung (spiralige Kreisform) mit einer gegenständlichen Illustration.

Die Wahrnehmung der »Welt als Wohnung« wird versinnbildlicht durch das »kosmische« Dach. Das Erlebnis des »Ich als Wohnung«: »Ich wohne in mir selbst!« drückt das Kind in der Gestaltung des abgegrenzten Quadrates aus. Jenseits dieser Grenze beginnt die Umwelt.

Auffallend ist die sorgfältige Gestaltung des Ich-Bildmittelpunktes. Es folgt das als Drehbild ausgeführte

Wohnhaus. Alle anderen Bildmotive wurden eher schnell in Art einer Aufzählung ergänzend hinzugefügt. Auch daraus läßt sich rückschließen, daß die Gedanken des Kindes bei der Bilderstellung um die Frage des »Zu-Hause-Seins« und »Wohnens« kreisten.

Klärend wirkt weiterhin die Kenntnis von den äußeren Umständen, unter denen das Bild entstand. Das Kind malte das Bild während eines Urlaubsaufenthaltes mit seinen Eltern in einem südlichen Land. Den Strand hat es im unteren Bildteil skizziert. Die Eltern berichteten von gelegentlichen Stunden des Heimwehs.

Betrachtet man die Zeichnung nun unter diesem Aspekt, dann wird der Sinn und Zweck des Bildes ganz deutlich. Mit diesem Bild versichert sich das Kind seiner Geborgenheit – vielleicht leidet es ein wenig unter dem reisebedingten Verlust der häuslichen Atmosphäre. Es versichert und erinnert sich seiner inneren und äußeren Heimat. Es bannt auf kreativem Wege alle Gefahren und Ängste.

An diesem Beispiel wird wohl besonders deutlich, welche Möglichkeiten des seelischen Ausgleichs und der psychologischen Verarbeitung die kindliche Bildersprache bietet.

Zwischen dem sich in seinen Zeichnungen mitteilenden Kind und dem Erwachsenen, der die Botschaft zu entschlüsseln vermag, entsteht eine besondere Verbindung, die zum besseren Verständnis der kindlichen Verhaltensweisen und Erfahrungswelt beiträgt.

Das schulreife Kind

Zwischen dem fünften und dem siebenten Lebensjahr erreichen Kinder einen Entwicklungsabschnitt, der sie aufnahmebereit macht für die Anforderungen einer schulischen Ausbildung.

Vor der Einschulung müssen bestimmte intellektuelle Voraussetzungen erfüllt sein. Auch eine gewisse soziale Reife ist vonnöten, denn das Kind wird sich ja nun in eine Gruppe einfügen müssen und kann weniger mit einer individuellen Betreuung rechnen als noch im Kindergarten oder in der Familie. Auch die körperliche Entwicklung soll einen derartigen Stand erreicht haben, daß eine pflegerische Betreuung des Kindes nicht mehr nötig ist. Ein Kind soll also selbständig die Toilette aufsuchen, sich an- und ausziehen können und ähnliches mehr. Für Kinder mit körperlichen, geistigen oder sozialen Beeinträchtigungen gelten andere Kriterien.

An zahlreichen Orten und Schulen werden sogenannte Schulreifetests durchgeführt, mittels derer das wahrscheinliche Maß an intellektueller und sozialer Begabung, an Wahrnehmungsfähigkeit und Konzentrationsvermögen eines Kindes ermittelt wird. Als Elemente solcher Testreihen dienen unter anderem auch Zeichnungen, die von dem Kind anzufertigen sind. Es wird beispielsweise aufgefordert, sich selbst, seine Familie, ein Haus, einen Baum zu malen.

Der Zeitpunkt, zu welchem Kinder auf ihre Schulreife hin untersucht werden, orientiert sich nach einer allgemein anerkannten Norm, an ihrem sechsten Lebensjahr. Vielen Eltern ist bekannt, daß ihr Kind während des Schulreifetests ein Bild zu malen hat. Und sie hoffen, es malt »richtig« – was immer damit auch gemeint sein mag.

Das Kind soll eine bestimmte Aufgabe erfüllen, z. B. einen Menschen zeichnen. Dabei zeigt sich dann, ob es seine Striche und Linien kontrolliert führt und in welcher Weise es die Person mit äußerlichen Attributen ausstattet. Die an der Realität zu messende Unterscheidung von Einzelheiten (welche Gesichtsmerkmale hat der Mensch, welche Gliedmaßen, wie viele Finger usw.) wird bei der Entscheidung über den Entwicklungsgrad oder Reifeverzögerungen des Kindes herangezogen.

Eine vom Kind unkommentierte Zeichnung hat jedoch wenig Wert. Vielleicht ist das Kind aufgeregt und zeichnet deshalb flüchtig, lustlos und unkonzentriert, oder es hatte am Vortag ein schlechtes Erlebnis oder einen zu langen Fernsehabend. Leider entspricht es nicht der realen Praxis, solche Unpäßlichkeiten zu erfragen.

Die soziale und geistig-seelische Reife eines Kindes läßt sich nicht allein an einigen Zeichnungen festmachen, es braucht dazu unbedingt den persönlichen

Umgang. Die Gefahr von Fehlinterpretationen erscheint gerade deshalb im Rahmen von Schulreifetests besonders gegeben, weil die Auswertung der Intelligenzmerkmale in der Regel keinem speziell dafür ausgebildeten Psychologen an die Hand gegeben ist. Auch wenn zur Interpretation der Zeichenaufgaben (Zeichne einen Baum! Zeichne deine Familie in Tieren!) Kenntnisse aus der Testpsychologie und Zeichenanalyse sowie ein nach Symbolen geordnetes Lexikon herangezogen werden, bleibt es dennoch unverzichtbar, mit dem Kind (und eventuell seinen Eltern) zu sprechen, um zu einem erkenntnismäßig befriedigenden und der Realität angemessenen Ergebnis zu kommen.

Erst im Dialog mit dem Kind kann es gelingen, eine Zeichnung richtig zu lesen. Schließlich muß der erwachsene Betrachter auch die Komplexität des Bildes beachten und darf nicht einzelne Merkmale isoliert bewerten.

Die Kinderzeichnung ist von derart vielen und auch noch unerforschten Faktoren beeinflußt, daß es sich eigentlich verbietet, sie rein psychologisch auszudeuten. Die intime Kenntnis der individuellen Lebensumstände eines Kindes ist nötig, will man in seinen Bildern die wesentlichen Aussagen erfassen und begreifen.

Deutungen von Kinderzeichnungen sind also immer und besonders in Schulreifetests höchst kritisch einzuschätzen. Auch deshalb ist es Eltern anzuraten, sich mittels verschiedener Literatur wissend und diskussionsfähig zu machen.

Verfehlt wäre es sicherlich, das Kind auf den Schulreifetest (sofern er in der Schule überhaupt durchgeführt wird) vorzubereiten, indem man ihm beibringt, wie es einen Menschen, seine Familie, Tiere, einen Baum oder ein Haus »richtig« zu malen hat. Das nähme der kindlichen Bildersprache vollends die Unschuld.

Der völlige Verzicht auf die testpsychologische Auswertung der Kinderzeichnungen wäre ein Fortschritt und würde der Inkompetenz mangelhaft in Sachen psychologischer Zeichendiagnostik ausgebildeter schulischer Mitarbeiter Rechnung tragen.

Die offizielle psychologische Auswertung von Testzeichnungen sollte allein aus medizinisch-therapeutischen Zwecken erfolgen. Sie sollte nur eigens ausgebildeten Menschen anvertraut werden, denen in entsprechenden psychologischen Beratungsstellen außer den diagnostischen Möglichkeiten auch diejenigen der Therapie zur Verfügung stehen.

Denn sicherlich sagt eine Kinderzeichnung mehr über das Kind und seine positiven und negativen Lebenskonstellationen aus, als es sie selbst in Worten beschreiben könnte.

Nähme man die Kinder ernst, dann müßte man auch die Aussagen ihrer Bilder ernst nehmen. Dann wären vielleicht die Hilferufe mißhandelter und mißbrauchter Kinder, die aus mancher Zeichnung dem Betrachter förmlich entgegenschreien, nicht vergebens. Meistens bleiben die in der Bildersprache geäußerten Mißstände aber unbemerkt, weil der Erwachsene die Sprache nicht entschlüsseln kann. Oft bringt er nur einzelnen Merkmalen der Zeichnung Interesse entgegen und berücksichtigt weder ihre innerpsychische Bedeutung noch den Bezug zur Realität.

Grundsätzlich steht die Kinderzeichnung immer in Beziehung zu einem familiären, sozialen und kulturellen Hintergrund. Diesen zu klären wäre der erste Ermittlungsschritt, der jeder Ausdeutung voranzugehen hätte. Aspekte ästhetischer und politischer Alltagserfahrungen des Kindes würden dabei unübersehbar und müßten ebenfalls Berücksichtigung erfahren. Außerdem scheint es sinnvoll, bei der Betrachtung von Kinderzeichnungen zu unterscheiden zwischen formalen und emotionalen Aspekten.

Es genügt nicht, mittels quantitativer Auswertung die Details an einer Menschendarstellung zu zählen nach der Maßgabe: je mehr Details, desto höher die Intelligenz. Denn die formale Begabung ist häufig das Ergebnis von früher Förderung. Wenn für ein Kind keine Möglichkeit bestand, in der Vorschulzeit seine grafische Intelligenz auszubilden, dann schneidet es bei einem Test, der die Schulreife mittels Detailzählung lediglich quantitativ ausmißt, schlecht ab.

Solch ein Test überführt die vielbeschworene Chancengleichheit der Absurdität.

Bei einer derartig formalistischen Beurteilung von

Kinderzeichnungen bleibt auch die Qualität einzelner Darstellungen außer Betracht, die oft erst in einem Gespräch mit dem Kind zu ermitteln ist. Und es wird völlig darauf verzichtet, die symbolische Botschaft zu erfassen, die ja außerdem jeder bildnerischen Darstellung innewohnt.

Dies alles spricht nicht dagegen, die zeichnerischen Produkte von Kindern einer Einordnung zu unterziehen. Aber Eindimensionalität in der Betrachtung muß vermieden werden, weil sie der offen im Bild präsentierten subjektiven Wirklichkeit nicht nahekommen kann. Das vorhandene oder fehlende Detail ist nicht mehr als ein Indiz, seine Qualität erweist sich erst auf dem kommunikativen Wege des Miteinander-Umgehens.

Die bildgestalterischen Kräfte von angehenden Schulkindern und Schulanfängern sind im Kapitel »Das Bild wird zur Szene« bereits ausführlich beschrieben.

Es bleibt noch zu bemerken, daß auch nach dem siebenten Lebensjahr die zeichnerische Entwicklung und Schaffenskraft nicht plötzlich versiegt. Der spontane bildnerische Impuls beginnt jedoch abzuklingen, die Zeichnungen erscheinen weniger farbenprächtig, wirken manchmal lustlos »hingeschrieben«, auch die Produktionsmenge nimmt ab.

Das Kind tritt in seinen Bildern weniger als Aktionist auf denn als Beobachter.

Bedauernd sehen manche Eltern das Ende einer

Epoche herannahen, in der die impulsive zeichnerische Tätigkeit ohne Rücksicht auf Perspektive oder naturalistische Bildhaftigkeit erfolgte.

Bei vielen Kindern tritt vom achten bis zum zehnten/zwölften Lebensjahr ein gesteigertes Interesse an perspektivischen Darstellungen auf. Beliebt sind auch Zeichnungen, die Bewegungsabläufe darstellen. Aber oft sind die Kinder mit ihren Darstellungen nicht zufrieden, messen sie kritisch an der Realität. Ihr Anspruch scheint dahin zu gehen, Handlungen auf dem Papier zu entfalten, gelesene Geschichten nachzuerzählen oder Fernsehstories, die sie gesehen haben, zu dokumentieren. Immer häufiger treffen wir auf thematische Bilder, die sich (bei Jungen auch im technischen Detail) mit der Raumfahrt und dem Weltall beschäftigen. Auch Nachrichtenthemen wie die Umweltverschmutzung oder Kriegsereignisse werden zeichnerisch verarbeitet.

Es fällt auf, daß die Zeichnungen von Mädchen und Jungen sich nun zu unterscheiden beginnen. Während Mädchen anfangs auch ein Interesse an technologischen bildgestalterischen Elementen zeigen und in ihren Bildern Konstruktionen nachzeichnen oder erfinden, schwächt sich dieses von Schuljahr zu Schuljahr ab. Gründe hierfür sind nur zu vermuten, da bislang keine entsprechenden Nachforschungen darüber angestellt wurden. Es scheint nicht unwahrscheinlich zu sein, daß die bislang in Schulbüchern immer noch übliche Aufgliederung in männliche und weibliche Rollenklischees das Ihre dazu beiträgt. Vielerorts findet auch der koedukative Unterricht keinen Eingang in Fächer wie Hauswirtschaft oder Werken. Mädchen nehmen am ersteren, Jungen am letzteren teil. Es wäre schon ein Fortschritt, wenn man die jeweilige Unterrichtsteilnahme für Jungen und Mädchen gleichermaßen vorschriebe.

Mit der systematischen Trennung weiblicher und männlicher Zuordnungen werden die Schüler nicht nur in allen Schulmedien konfrontiert, sondern außerdem in den öffentlichen Medien wie Fernsehen, Video und Rundfunk. Ebenso verhält es sich mit dem größten Teil der Kinderliteratur, den Kinderspielen und Comics. Überall treffen wir auf die traditionelle Rollenverteilung, die unbewußt von den Kindern aufgenommen wird und sich in der Bildgestaltung und den Bildinhalten niederschlägt.

Auf der Stufe der Acht- bis Zwölfjährigen endet meistens die zeichnerische Entwicklung, und dort befindet sich auch die Mehrzahl der Erwachsenen mit ihren Zeichenfähigkeiten. Wem von uns »Großen« gelingt schon die annähernd wirklichkeitsgetreue Abbildung eines Menschen oder Tieres?

Wenn das Kind kommt und bittet: Male mir einen Affen oder einen Hund oder eine Kuh – was auch immer –, der Erwachsene versucht sich meist mit einem: Ich kann nicht malen! aus der Affäre zu ziehen. Das kommt natürlich daher, daß er irgendwann die spontane Lust am Zeichnen verloren hat. Fraglich ist nur, wo und warum er sie eingebüßt hat. Wurde sie unter den Leistungsanforderungen in Schule und Elternhaus erstickt? Oder waren gar der sprachliche Zuwachs und die wachsende verbale Gewandtheit der Zeichenfreude abträglich?

Es fällt in diesem Zusammenhang auf, daß bei geistig behinderten Erwachsenen oder bei psychisch erkrankten Menschen eine ungebrochene Darstellungsfreude besteht.

Diesen Menschen, denen es oft schwerfällt, sich die Welt mit Worten und Gesprächen zu erschließen oder ihre Erlebnisse verbal zu formulieren, gelingt es in oft faszinierender Weise, uns mit ihren unmittelbar die Sinne ansprechenden zeichnerischen Werken zu beeindrucken.

Als beispielhaft möchte ich hier auf das Buch der Gabriele Bender (»So erlebe ich meine Welt«) verweisen, einer durch Down-Syndrom behinderten Frau, die ihre Erlebnisse während einer Romreise sowohl schriftlich aufzeichnet als auch künstlerisch dokumentiert. Die Bilder wirken auf den Betrachter ähnlich staunenswert und unterhaltsam wie Kinderbilder.

Möglicherweise bewirkt also eine Ausbildung und Erweiterung der intellektuellen Fähigkeiten ein Abnehmen der bildgestalterischen Lust und Notwendigkeit. Solches würde bedeuten, daß Menschen wie Gabriele Bender uns viel zu schenken haben auf einem Gebiet, auf dem wir unsere Unfähigkeit leichten Herzens bekennen, und daß wir in Betrachtung ihrer Kunst manche Einsicht erwarten dürfen.

Einige Gedanken seien noch dem Zeichnen und Malen als Freizeitbeschäftigung zugewendet.

Ein zeichnender Mensch – gleich welchen Alters – benutzt dabei seine Augen und betrachtet die Dinge, die er malen will. Zeichnen und Malen bedeutet oft genug *sehen* lernen. Wenn man einen Menschen, eine Landschaft, einen Gegenstand zeichnerisch wiedergeben möchte, muß man vorher genau hinschauen. Man erkennt Umrisse, Strukturen, Farben, Stimmungen. Dies beschäftigt den ganzen Menschen, er ist jeder Langeweile enthoben, weil Körper, Geist und Seele miteinander tätig sind. Aus diesem Grund gibt es auch kaum eine unschädlichere Beschäftigungstherapie gegen Langeweile als das Malen. Papier und Malutensilien vertreiben schlechte Stimmung bei großen und kleinen Leuten. Wenn man Kindern auf langen Autofahrten Malutensilien anbietet, z.B. eine Kladde und bunte Stifte, dann kehrt Frieden im Auto ein. Auch einige Fluggesellschaften haben dieses Phänomen bereits erkannt und verteilen auf längeren Flügen Malmappen mit Papier und Stiften an Kinder (und interessierte Erwachsene).

Aber auch zu Hause im Familienkreis kann man sich die Zeit mit Zeichenspielen oder Hobbymalen vertreiben. Das ist oft recht lustig, und Eltern und Kinder kommen sich näher. Miteinander Zeichnen und Malen hat eine ähnliche kommunikative Wirkung wie die althergebrachten Gesellschaftsspiele.

Zeichenspiele als Freizeitbeschäftigung verfügen aber über einen deutlichen Vorteil. Die Mitspieler müssen nämlich nicht miteinander in Konkurrenz treten oder um die Wette spielen. Leistungsdruck bleibt ausgeklammert! Schon allein diese Tatsache sorgt für eine entspannte Atmosphäre.

Zum Schluß möchte ich noch auf einige einfache, kreative Zeichenspiele für Kinder und Erwachsene aufmerksam machen:

Mischmix

Es können beliebig viele Kinder und Erwachsene mitspielen. Man nimmt ein großes Blatt Papier, faltet es wie eine Ziehharmonika, bei kleinen Kindern wird das DIN-A4-Blatt drei- bis viermal gefaltet, bei größeren Kindern beliebig oft. Dann denken sich alle gemeinsam etwas aus, was gezeichnet werden soll, z. B. macht man einen Menschen oder ein Tier oder ein Phantasiegeschöpf (Drache) aus. Ein Spieler nach dem anderen zeichnet auf einen Abschnitt ein Detail, so bekommt das Wesen, z. B. der Mensch, nach und nach einen Kopf, einen Rumpf und Beine. Je älter die mitspielenden Kinder sind, umso stärker wird differenziert (z. B. Kopf, Hals, Brust mit Armen und Händen und Fingern, Unterkörper mit Beinen und Knien, Füße mit Schuhen) und ausgestaltet (z. B. hat der Kopf ein Gesicht und einen Hut, man erkennt, ob es sich um

Mann oder Frau oder Kind handelt, der Körper ist bekleidet, die Füße stehen im Gras oder im Wasser oder auf dem Fußboden usw.). Der Witz bei dem Spiel besteht darin, daß niemand genau sieht, was sein Vorgänger gemalt hat, denn das Gezeichnete wird nach hinten umgeknickt, so daß man nur die Ansatzpunkte zum Weiterzeichnen erkennt.

Familien-Zoo

Ein Spiel für Eltern und Kinder ab sechs Jahre. Ein Zauberer verwandelt jedes Familienmitglied in ein Tier. Jedes Kind und jeder Erwachsene zeichnet nun die anderen Familienmitglieder als Tiere. Das ist sehr lustig, und man kann über die gegenseitigen Einschätzungen miteinander reden. Dies Spiel gibt allseits Stoff zum Nachdenken.

Zauberbilder

Dieses Spiel ist spannend für Kinder ab fünf/sechs Jahren und Erwachsene. Man braucht festes Papier, Zahnstocher, Plastikeierlöffel und Stockmar Wachsfarbenblöckchen, eines davon in schwarzer Farbe.

Zuerst werden bunte Farben nebeneinander ziemlich dick auf das weiße Blatt aufgetragen, bis es ganz voll ist. Dann wird über all das mit dem schwarzen Blöckchen eine dicke Schicht gelegt.

Wenn das bunte Blatt nun ganz schwarz ist, können mit dem Zahnstocher Linien und mit dem Plastiklöffel Flächen eingekratzt werden. Man schabt quasi die schwarze Schicht ab, und darunter tritt eine bunte Linie oder Fläche hervor. Es lassen sich sowohl ornamentale als auch thematische Zeichnungen erstellen. Das fertige Bild hängt man ins Fenster, das Licht läßt die Farben wunderbar leuchten (dies ist eine sehr schöne Bastelarbeit für die Advents- und Weihnachtszeit). (Abb. 44).

Ornamente erfinden

Für Kinder ab fünf Jahren und Erwachsene, Material: Wasserfarben, Stockmar Wachsfarben (Blöcke und Stifte). Jeder Mitspieler versucht ein Muster zu erfinden. Natürlich müssen die Werke nach ihrer Fertigstellung für einige Zeit an die Wand oder ins Fenster gehängt werden.

Irrgarten

Für Erwachsene und Schulkinder, Material: Blatt und Stift. Der Erwachsene oder das Kind – am besten abwechselnd – skizziert ein Rechteck auf ein Blatt. An zwei gegenüberliegenden Seiten wird jeweils ein Tor eingezeichnet. Von einem der Tore zeichnet man viele Wege in das Rechteck hinein, aber alle enden als Sackgasse, nur einer führt zum gegenüberliegenden Tor. Wer den Weg suchen muß, darf beim Zeichnen natürlich nicht zuschauen und muß solange die Augen schließen.

Story-Bilder

Dieses Spiel können Eltern schon mit kleinen Kindern spielen, sie übernehmen allerdings immer die Rolle des Zeichners, bis das Kind von selbst damit beginnt, eine Geschichte aufzumalen.

Auf einem Blatt wird mit einem Bleistift oder mehreren bunten Stiften eine Geschichte entfaltet. Das heißt: der Erwachsene erzählt ein Ereignis oder auch ein Märchen und illustriert seine Erzählung. Die dargestellten Personen/Tiere müssen dabei nicht sehr wirklichkeitsgetreu aussehen. Eine Strichmännchenskizze reicht oft genug aus. Wichtig ist das Erzählen und die Entfaltung der Story, auf die das Kind auch gerne Einfluß nimmt, indem es z.B. vorgibt, was die Leute für Kleider anhaben oder welche Tiere in der Geschichte auftauchen. Dieses Spiel lieben Kinder sehr, denn sie spüren dabei die ungeteilte Aufmerksamkeit des erwachsenen Mitspielers.

Mit Schulkindern lassen sich solche Stories ausweiten und zu Comics gestalten. Die Personen erhalten dann Sprechblasen, ihnen werden Texte in den Mund gelegt. Diese Spielvariation wird von Kindern oft selbst erfunden, wenn sie das Schreiben und Lesen erlernen.

Diese Erfindung scheint unabhängig davon zu sein, ob ein Kind Comic-Hefte bereits kennt und konsumiert oder nicht.

Das richtige Malwerkzeug und altersgemäße Arbeitstechniken

Dieses weitgehend nach Stichworten aufgegliederte Kapitel soll es dem Leser ermöglichen, sich schnell und konkret über die angebotenen Malwerkzeuge und ihren arbeitstechnischen Anwendungsbereich in den jeweiligen Entwicklungsphasen zu informieren.

Was die einzelnen Reifephasen im Rahmen der Gesamtpersönlichkeit des Kindes anbelangt, sei nochmals darauf verwiesen, daß in der kindlichen Bildersprache kein eindeutig eingeschränkter und starrer Formenkanon für bestimmte Altersgruppen festgelegt werden kann. Jedoch benutzt eine Vielzahl von Kindern in den unterschiedlichen Abschnitten der körperlichen Reifung ähnliche zeichnerische Symbole und Hieroglyphen. Sicher kann von einer einheitlichen oder generellen Bildersprache des Kindes nur bedingt gesprochen werden. Aber in bestimmten Entwicklungsabschnitten treten ganz spezielle Formen der zeichnerischen Formulierung auf.

Vergleichen wir die zeichnerische Entwicklung bei Kindern mit intellektuellem Handicap und bei nichtbehinderten Kindern, so kann die Ähnlichkeit der Bildersprache beider Gruppen als ein Indiz für die Koppelung von körperlich-geistiger und zeichnerischer Entfaltung angesehen werden. Häufig ist bei den gehandicapten Kindern lediglich der Zeitpunkt, zu welchem eine bestimmte zeichnerische Entwicklung einsetzt oder verläuft, verschoben. So beginnt ihre Kritzelphase zwar später und dauert länger an, aber sie wird durchschritten; geometrische Formen werden gefunden; selbständig entwickelte Bildszenen entstehen häufig um das zehnte Lebensjahr herum.

Auf diesem Hintergrund sind die Altersangaben zu den Arbeitstechniken variierbar. Maßgeblich ist immer der individuelle aktuelle Entwicklungsstand eines Kindes.

Die zeichnerische Gestaltungsfähigkeit eines Kindes ist förderbar. Doch die Aufforderung, Vorgezeichnetes nachzuzeichnen, ist kein probates Mittel. Zwar wird dabei dem Nachahmungstrieb des Vorschulkindes entsprochen, gleichzeitig aber in die Eigengesetzlichkeit kindlicher Gestaltungsprozesse hindernd eingegriffen. Dem Kind wird so die Möglichkeit verbaut, einen frei-schöpferischen Ausdruck zu finden. Förderlich dagegen wirkt sich das Anbieten altersentsprechender Materialien auf die kreativen Prozesse aus.

Im vorliegenden Kapitel werden neben dem Werkzeug verschiedene Arbeitstechniken vorgestellt und erläutert, an denen Kinder und Erwachsene gemeinsam Spaß finden können. Zusammen an einem Tisch sitzen und »arbeiten« macht Freude, regt Phantasiekräfte und Wahrnehmung an, schafft Dialogmöglichkeiten und gemeinsame Erinnerungen.

Malwerkzeug

Aquarellfarben eignen sich vorzüglich zum Malen mit Vorschulkindern. Achten Sie beim Kauf auf ungefährliche Qualität (Pflanzenfarbstoffe). Aquarellfarben kann man als Konzentrat in Tuben oder fertig gemischt in Gläschen kaufen. Die Tubenfarbe hat den Vorteil, daß auch kleinste Farbmengen frisch angerichtet werden können. Außerdem lassen sich auch Mischfarben herstellen. Es ist ganz einfach:

Sie nehmen ein kleines (Schnaps-)Glas, drücken ein erbsengroßes Farbstückchen aus der Tube hinein, geben Wasser dazu, rühren um, fertig ist die Farbe. Mehr oder weniger Farbe sorgt für mehr oder weniger Farbintensität. Die Tubenfarbe trocknet auch nicht aus und hält sich fast unbefristet.

Besonders eindrücklich lassen sich mit Aquarellfarben die Übungen im Kapitel »Das Erlebnis der Farben« durchführen. Mit Aquarellfarben wird auf nassem Untergrund gemalt, das heißt: auf nassem Papier. Natürlich läßt sich auch ein ganz normaler Zeichenblock verwenden, günstiger ist spezielles Aquarellpapier. Mehr darüber unter dem Stichwort: Arbeitstechniken: Aquarellieren.

Aquarellpapier ist ein spezielles, dickes Papier, welches man vor Gebrauch einige Minuten im Wasser einweicht. Gutes Papier kann stundenlang im Wasser liegen, ohne sich aufzulösen. Normales Zeichenblockpapier ribbelt sich im Gegensatz dazu schnell auf, wenn man es eingeweicht hat und mit dem Pinsel mehrmals darüber hinstreicht. Da Aquarellpapier erheblich teurer ist als das übliche Zeichenpapier, kann man seinen Gebrauch durchaus beschränken und es nur zur Herstellung »wichtiger Werke«, zum Basteln von Geschenken oder zu Farb- und Farbkreisübungen verwenden.

Die *Bildermappe* ist zum Sammeln der Bilder und Zeichnungen unentbehrlich. Bevor ein Blatt in die Mappe gelegt wird, sollte man es datieren, mit dem Namen des Kindes kennzeichnen und auch die Motive oder Bemerkungen des Kindes zu seinem Bild auf die Rückseite schreiben. So lassen sich die Zeichnungen auch Jahre später noch gut verstehen. Sie sind eine besondere Art autobiographischer Dokumentation.

Nicht alle »Werke« kann man archivieren. Aber die interessanten und farbenprächtigen und bildersprachlich bedeutenden Zeichnungen aufzubewahren und z.B. entsprechend nach den Kapiteln dieses Buches zu ordnen lohnt sich. Das Kind fragt einige Jahre später gerne nach, wie es und was es früher gemalt hat. Dann kann man mit ihm die Bildermappe ansehen. Auch für den Erwachsenen ist es häufig ein sehr aufschlußreiches und überraschendes Erlebnis, die eigenen Kinderzeichnungen zu betrachten.

Bleistifte mit weicher Mine eignen sich mit Einschränkungen von Anfang an für das Kind. Sie sollten möglichst rund und nicht stark angespitzt sein, da besonders bei Kindern unter drei Jahren dann Verletzungsgefahr besteht. Das Zeichenerlebnis mit dem Beistift ist allerdings für kleine Kinder eher gering. Das liegt nicht nur an der farblichen Monotonie. Da die feinmotorischen Fähigkeiten noch nicht ausgereift sind, gelingt dem Kind oft kein eindeutiges und auffallendes Ergebnis. Deshalb drückt es den Stift mit aller Kraft aufs Papier oder haut mit ihm auf das Papier ein. So zerreißt und zersticht es das Papier im Verlauf mancher Malaktion. Der vorhandenen Geschicklichkeit des kleinen Kindes kommen Wachsmalstifte eher entgegen.

Für größere Kinder, die ihre Hand- und Armmuskulatur unter Kontrolle haben, gewinnt der weiche Bleistift Bedeutung bei der Ausarbeitung differenzierter Strukturen oder Erscheinungen (Gesicht, Finger, Kleidung, bei technischen Darstellungen wie Autos, Motoren, Raumfahrtobjekte).

Ungeeignet sind in jedem Falle Stifte mit harten Bleieinlagen.

Buntstifte haben ähnliche Eigenschaften wie der Bleistift. Wichtig ist auch hier wieder die möglichst weiche Mine. Für Kinder bis zum zweiten Schuljahr ist die Verwendung dicker Buntstifte vorzuziehen. Mit dikken Stiften fällt es leichter, gute Zeichenergebnisse zu erzielen. Das Kind hat mehr Freude am Malen, weil es die »Spuren« seiner zeichnerischen Aktivität besser verfolgen kann. Auch ein flächiger Farbauftrag läßt sich mit dicken Buntstiften in besserer Qualität erreichen. Bei dünnen Stiften wirken Flächen fast immer wie gestrichelt. Das Erfolgserlebnis ist weniger intensiv. Hinzu kommt die Leuchtkraft der Farbe, die bei einem breiten, kräftigen Strich erheblich befriedigender ausfällt als bei einer dünnen und weniger auffälligen Linie.

Zu Anfang sollten dem Kind nicht mehr als fünf Farben angeboten werden, z. B. Gelb, Rot, Blau, Grün, Schwarz oder Braun. Es genügt auch, ausschließlich die drei Grundfarben zur Verfügung zu stellen. So lernt das Kind auf einfache Weise und ganz spielerisch farbliche Unterschiede. Schon bald gelingt es ihm, die Farben zu benennen. Dann kann das Sortiment mit neuen Farben erweitert und ergänzt werden.

Für Kinder ab fünf Jahren erweist es sich als förderlich, wenn ihnen sowohl dicke als auch dünne Buntstifte zur Verfügung stehen. Sie können ihre Bilder dann großformatig und flächig anlegen und spezielle Bildobjekte ausdifferenzieren.

Manche Kinder zerkauen – auch wenn man sie darum bittet, das sein zu lassen – die Enden der Stifte oder lutschen an ihnen. Deshalb ist der Kauf ungefärbter und unlackierter Holzstifte zu empfehlen. Man erhält sie in Naturläden oder gutsortierten Spielwarengeschäften. Der Gebrauch solcher Naturfarbstifte setzt sich immer mehr durch, denn es liegt im Interesse der Kinder und der Umwelt, auf unnötige und gesundheitsschädliche Einfärbungen und Lackierungen zu verzichten.

Filzstifte stehen in riesiger Auswahl zur Verfügung, aber fast alle Stifte sind für Kinder ungeeignet, weil sie gesundheitsschädigende Flüssigkeiten enthalten. Diese Flüssigkeiten dampfen aus, und das Kind atmet sie ein. Manche Kinder lecken sogar an den bunten Filzschreibern oder malen sich mit ihnen an. Beim Kauf sollte man sich ausschließlich für kind- und umweltgerechte Stifte entscheiden. Allein der Aufdruck »Lebensmittelfarben« genügt nicht, denn auch Lebensmittelfarben sind nicht in jedem Falle unbedenklich und wirken teilweise sogar schädlich und allergieauslösend.

Lassen Sie sich in Naturläden oder guten Spielwaren- oder Papiergeschäften beraten.

Doch davon abgesehen, ist der Filzstift kein uneingeschränkt empfehlenswertes Handwerkzeug für das Vorschulkind. Obwohl in privaten Haushalten, in Kindergärten und Tagesstätten der Filzstift seinen Siegeszug feiert, Kinder ihn bevorzugt benutzen und er aus unserem Alltag und Schreibtisch nicht mehr wegzudenken ist, sollten wir ihn einmal etwas kritischer unter die Lupe nehmen.

Meistens ist der Stift zu hart und zu spitz. Das bedeutet, Linien und Motive können nicht genügend ausdifferenziert werden. Wenn der Filzstift »leer« wird, läßt seine Farbintensität automatisch nach, was zur Folge hat, daß eine Zeichnung nicht mehr so ausgeführt werden kann, wie sie dem Kind vorschwebt. Nicht sein Wille und seine kreative Vorstellung bestimmen die Dicke und Farbintensität eines Striches, sondern der Zustand des Filzstiftes. Das Kind ist hier in einer unnötigen Abhängigkeit von seinem Werkzeug. Unnötig deshalb, weil es auf seine Benutzung eigentlich nicht angewiesen sein müßte, denn es gibt genügend qualitativ hochwertige Buntstifte. Solch eine Abhängigkeit – aus der das kleine Kind aus Mangel an Erfahrung sich nicht zu befreien weiß – ist als eine ungünstige Voraussetzung für das ungehinderte Wachstum von Phantasie und Kreativität zu werten.

Wenn beispielsweise das Kind die Qualität und Funktion des Filzstiftes als unbefriedigend empfindet, dann drückt es ihn immer fester aufs Papier, es spannt seine Muskulatur an beim Zeichnen, es verkrampft sich. So kommt es auch zu Unlustgefühlen. Das Malen macht keinen Spaß. Eltern, deren Kinder scheinbar nicht gerne zeichnen oder malen, sollten zuerst einmal das zur Verfügung stehende Handwerkszeug überprüfen. Oft liegt hier der Grund für die kindliche Abneigung.

Wenn man reine Filzstiftbilder betrachtet, fällt häufig eine eigentümliche Flächigkeit der dargestellten Motive auf. Dies kommt zum Teil daher, daß mit einem Filzstift keine farblich abgestuften Kompositionen hergestellt werden können. Mit einem roten Buntstift kann man z. B. Farbnuancen von einem hellsten Pastellton bis zu einem tiefen Rot erreichen. Dadurch kommt Leben ins Bild, entwickeln sich auch Perspektiven. Mit Filzstift ausgemalte Flächen wirken dagegen zwar niemals gleichmäßig, aber dennoch entwickeln sie keine Perspektiven.

Filzstiftfarben vermischen sich kaum. Die dunklere Farbe überdeckt die hellere. Es entstehen keine Mischfarben. Jede Farbe steht wie ein Extrem neben der anderen, die Farben können sich nicht miteinander verbinden. Es entsteht keine Kreation und schwerlich eine Komposition. Lediglich eine Aufzählung von Inhalten wird erreicht.

Filzstiftbildern, so hübsch sie auch anzusehen sein mögen, fehlt es oft an Ausdruckskraft. Auch dadurch erscheinen die Bilder nur selten als belebte Darstellungen.

Je kleiner das Kind ist, desto ungünstiger erscheint der Gebrauch von Filzstiften.

Ein Beispiel für Filzstiftkunst kann man in den Bildern der Gabriele Bender finden. Jedoch erkennt man in ihnen auch die hier angeführten kritischen Punkte.

Trotz und alledem: Kinder mögen Filzstifte! Und das wohl auch gerade wegen der starken Leuchtkraft der Farben. Man sollte den Gebrauch von Filzstiften nicht untersagen, sondern überlegen, wann ihre Verwendung sinnvoll ist. Ornamente und Muster, besonders geometrische Muster wirken filzstiftausgemalt sehr ansprechend, landschaftliche Darstellungen sind weniger geeignet. Es liegt in der Hand der Erzieher, hier Einseitigkeiten zu vermeiden und den Gebrauch anderer Stifte wie Wachsmalstifte, Kreiden und Buntstifte zu erläutern und von Fall zu Fall zu forcieren.

Darauf sollte man achten: wenn Filzstifte, dann solche mit möglichst dicker und weicher Spitze und mit gesundheitlich unbedenklicher Farbflüssigkeit! Dann genügt auch Wasser und Seife zum Auswaschen von Filzstiftflecken und man braucht keinen speziellen »Fleckenteufel«.

Fingerfarben werden gerne bei jüngeren und Kindergartenkindern verwendet. Man gebraucht zum Malen keinen Pinsel, sondern nimmt eben die Finger oder auch die Füße.

Zweifellos ist es ein Erlebnis besonderer Art, die Hände und Füße in bunte Farbe zu tauchen und die bunten Abdrücke dann auf dem Papier zu bewundern.

Zu Hause sollte man tunlichst das Badezimmer benutzen (wenn es einigermaßen Platz bietet) und es zuvor mit Packpapier oder Tapete auslegen.

Außer Hand- und Fußabdrücken kann man mit den Fingern die schönsten Sachen auf den Papierboden malen, die einem gerade einfallen. Der Spaß ist oft bei Eltern genauso groß wie bei Kindern, wenn man sich erst einmal zu dieser Großaktion durchgerungen hat.

Mit größeren Kindern kann man mit den Fingern Fensterbilder malen, also direkt auf die Scheiben.

Die Farben lassen sich meistens, vom Grün abgesehen, gut ab- und auswaschen. Manches Kind behält nach der Malaktion noch einige Tage leicht grüne Füße oder Hände.

Auch deshalb ganz besonders wichtig bei Fingerfarben: auf ungiftiges Material achten! Vorschulkinder sollten mit solchen Farben nicht sich selbst überlassen bleiben, sonst erkennen die Eltern vielleicht ihre Wohnung nicht wieder.

Bunte *Kohlestifte* sind für Kindergarten- und Grundschulkinder nicht geeignet, da die Farben auf dem Papier schmieren und verwischen. Der Gebrauch von Kohlestiften erfordert spezielle Zeichentechniken.

Kreide gibt es in weißen und bunten Farbtönen. Hat das Kind noch eine Tafel dazu, dann kann es unbegrenzt zeichnerisch tätig werden. Einen Nachteil haben die Kreidebilder: man kann sie nicht aufheben und sammeln. Mit bunter Kreide kann man auch in Spielstraßen oder im Hof das Pflaster bemalen. Das tun auch kleine Kinder sehr gerne. Die räumlichen Möglichkeiten, die beim Pflastermalen gegeben sind, steigern den Spaß. Denn es braucht keine Rücksicht genommen zu werden auf Blattgrenzen. Zeichnen auf solch großen Flächen wirkt entgrenzend und regt deshalb bei vielen Kindern die kreativen Prozesse an.

Kugelschreiber sind kein geeignetes Malwerkzeug. Dennoch scheinen Kinder manchmal gerne damit zu zeichnen (Abb. 33, die Sonne). Gegen ein gelegentliches Ausprobieren ist nichts einzuwenden, als regelmäßiges und ausschließliches Malwerkzeug sollte der Kugelschreiber aber nicht fungieren.

Das *Lineal* ist kein zeichnerisches Handwerkszeug für Vorschulkinder. Gegen Schuleintritt experimentieren manche Kinder mit dem Lineal und erstellen mit ihm geometrische Formen, die dann ausgemalt werden. Dagegen ist nichts einzuwenden. Grundsätzlich ist es jedoch nicht notwendig, dem Kind ein Lineal zu kaufen, bevor es in die Schule kommt.

Malbücher zum Ausmalen – und das gilt uneingeschränkt für Kinder bis zum Schuleintritt – sind nicht empfehlenswert, da sie die Wahrnehmung programmieren, also dem Kind vorgeben, wie eine Sache, ein Ding, ein Gegenstand auszusehen hat. Das Kind braucht keine eigenen Formen und Vorstellungen zu entwickeln, wenn ihm ständig etwas von der Struktur her Fertiges vorgegeben wird. Seine Phantasiekräfte werden nicht herausgefordert, sondern eingeschläfert und betäubt.

Nachmalbücher und alle ähnlichen Produkte behindern die eigenständige kreative Leistungsfähigkeit des Kindes und greifen nicht selten zerstörerisch in die Entwicklung schöpferischer Prozesse ein. Die Kinderzeichnungen verlieren ihre seelische Ausdruckskraft und ihren Zauber. Das Finden elementarer Formen und Symbole, die Ausprägung räumlicher Dimensionen und mengenmäßiger Erscheinungen wird im schlimmsten Falle verhindert.

Das Ausmalen vorgegebener Formen steht dem freien Zeichnen konträr gegenüber und entspricht einer Einschließung und Kasernierung der Phantasie und Wahrnehmung. Ein Kind kann sich gegen Ausmalbücher nur intuitiv zur Wehr setzen. Es kann die vorgegebenen Strukturen dick mit Farbe überzeichnen oder eigene Motive dazwischenmalen. Andere Möglichkeiten des unbewußten Protestes bleiben ihm kaum. Reaktionen Erwachsener auf derartige Verhaltensweisen sind vorprogrammiert. Da heißt es z.B.: »Was, du kannst immer noch nicht richtig ausmalen?«, oder: »Warum malst du denn dauernd daneben?«

Kinder mit ausgeprägten und drängenden Phantasiekräften mögen oft keine Ausmalbücher und benutzen sie auch nicht, wenn man sie ihnen anbietet.

Andere Kinder hingegen nehmen das Angebot gerne an, weil es sie der Mühe der Eigenbeschäftigung enthebt. Ausmalbücher verstärken bei diesen Kindern die passive Haltung und die oftmals bereits durch Medien wie Fernsehen und Comics programmierten Klischeevorstellungen.

Als Fazit dieser Ausführungen kann folgendes gelten: Kinder sollten zur Benutzung von Ausmalbüchern nicht angeregt werden, man sollte sie schon gar nicht dazu zwingen. Wenn ein Kind sich von alleine gerne mit dem Ausmalen vorgegebener Motive beschäftigt, sollte man es anregen, selbst Formen und Strukturen zu zeichnen, die es dann ausmalen kann. Ein gelegentlicher und ungezwungener Umgang mit Nachmalbüchern wird keinem Kind Schaden zufügen, aber eine hauptsächliche oder ausschließliche Benutzung sollte man mit kritischen Augen betrachten und vermeiden.

Papier (s. auch Aquarellpapier, Zeichenblock): Dem Kind sollte immer genügend Papier zur Verfügung stehen, damit es seine zeichnerischen Einfälle ausführen und ausprobieren kann. Es ist keine Verschwendung, wenn ein Kind zwanzigmal ein Motiv auf je ein Blatt malt. Vielmehr experimentiert es mit dem Motiv, probiert etwas aus, erlebt etwas beim Zeichnen. Das wiederholte Malen ein und desselben Motives ist ihm ein ebensolches Bedürfnis wie das wiederholte Vorlesen einer Geschichte oder das immer wieder gewünschte Singen eines Liedes. Das kleine Kind hat einen tiefen Wunsch nach Wiederholung – denn Wiederholen bedeutet Sicherheit gewinnen –, und das macht vor der zeichnerischen Praxis nicht halt. Ein Kind, das zwanzigmal oder vierzigmal eine Schnecke oder ein Auto gezeichnet hat, ist sich danach ganz sicher, daß es dieses Können beherrscht.

Wie verschafft man dem Kind nun ausreichend Papier, ohne daß es zur Verschwendung kommt? Nun, vielleicht haben Sie alte Tapeten? Die kann man in große Blätter schneiden. Vielleicht haben Sie jemanden im Bekanntenkreis, der im Büro arbeitet und einseitig bedruckte Papiere – die ansonsten weggeworfen werden – mitbringen kann?

In Copy-Shops gibt es manchmal leicht beschädigtes oder einseitig leicht verschmutztes Papier. Auf einem Blatt können außerdem grundsätzlich beide Seiten bemalt werden. Auf solche und ähnliche Weisen läßt sich ohne große Kosten oft eine Menge Papier organisieren.

Pinsel sind für Vorschulkinder in breiter Ausführung geeignet. Schmale, dünne Pinsel sind ungeeignet und ermöglichen kein befriedigendes Malergebnis. Einfache Flachpinsel mit geraden oder abgeschrägten Borsten sind praktisch und empfehlenswert. Runde, hochwertige Naturhaarpinsel sind erst bei Schulkindern angebracht.

Der *Radiergummi* sollte vor Schuleintritt nicht zum Handwerkszeug gehören. Auch danach auf sparsame Verwendung achten! Oft ist es besser, neu mit einer Zeichnung anzufangen, als ständig zu radieren. Beim Kauf von Radierern unbedingt darauf achten, daß sie weder appetitlich duften noch wie Bonbons oder Erdbeeren oder etwas anderes Eßbares ausschauen. Zahlreiche Kinder haben sich in den letzten Jahren durch

Herumknabbern und -lutschen an derartigen »leckeren« Radiergummis gesundheitliche Schäden zugezogen.

Wachsmalblöckchen/Wachsmalstifte sind ein sehr empfehlenswertes Handwerkszeug für kleine und große Leute, für ungeübte und geübte Hände. Im Gebrauch eröffnen sie vielfältige Möglichkeiten und befördern die Kräfte der Phantasie und Kreativität.

Sie eignen sich vorzüglich für großformatiges Malen, für das Zeichnen von Flächen und Ornamenten. Außerdem vermitteln sie sehr eindrücklich das Erlebnis von Farben. Mit Wachsmalblöcken und -stiften lassen sich die sogenannten Zauberbilder herstellen (s. Arbeitstechniken). Ihr Entstehen wird besonders von Kindergartenkindern mit Spannung begleitet.

Wachsmalblöckchen eignen sich vortrefflich als allererstes Malwerkzeug, weil sie sicher in der Hand des Kindes liegen, nicht herausrutschen oder wie ein Stift mit den Fingern festgehalten werden müssen. Auch gelingt es mit ihnen, sowohl linear als flächig zu zeichnen, und die Farben vermischen sich recht gut, z. B. Blau und Gelb zu Grün, Rot und Gelb zu Orange, wenn sie übereinander aufgetragen werden. Die noch unsicheren feinmotorischen Bewegungen des Kindes hinterlassen auf dem Papier deutlich sichtbare Spuren und Farbeindrücke. Auch beim »Hiebkritzeln« entsteht etwas »Gemaltes«, ohne daß das Papier zerreißt. Denn qualitativ hochwertige Wachsmalblöcke und

-stifte (z.B. Stockmar) sind unter Verwendung von reinem Bienenwachs hergestellt und besitzen eine weiche und nachgiebige Konsistenz.

Zum allerersten Gebrauch genügen drei Blöckchen in roter, gelber und blauer Farbe. In manchen Kindergeschäften oder im Fachhandel können die Blöckchen einzeln gekauft werden. Das ist auch späterhin von Vorteil, denn ein Kind verbraucht nicht jede Farbe gleich schnell. Meistens sind es die hellen, leuchtenden Farben, die zuerst nachgekauft werden müssen. Auch bei den losen Blöckchen gibt es eine reichhaltige Farbpalette zur Ergänzung der Grundfarben.

Mit den breiten Seiten der Blöckchen lassen sich sehr gut Hintergründe arbeiten, z.B. Himmel, Wasser, Erde.

Wachsmalblöckchen sind kein »Babywerkzeug«, sondern ein Arbeitsmittel für jede Altersstufe, und sie sollten auch später, wenn das Kind die Schule besucht, für spezielle Arbeitstechniken zur Verfügung stehen.

Wachsmalstifte in Mittelfingerstärke (ohne Plastikumhüllung) eignen sich zur Darstellung von Bildszenen und Mustern. Mancherorts werden sie in Grundschulen für sogenannte Schwungübungen eingesetzt, die der Vorbereitung des Schreibens dienen. Es gibt auch Schulen, in denen Kinder mit Wachsmalstiften schreiben lernen, da die Hand- und Armmuskulatur weniger verkrampft wird als bei anderen Schreibwerkzeugen.

Mit Wachsmalstiften gelingt jedoch kaum die Darstellung fein herausgearbeiteter, diffiziler Strukturen und klar abgegrenzter linearer Bereiche. Von daher befinden sie sich im Gegensatz zu den oben erwähnten Filzstiften. Weil beide Werkzeuge unterschiedliche Arbeits- und Darstellungsmöglichkeiten bieten, weil eines nicht das andere ersetzen kann, sollten auch beide dem Kind zur Verfügung stehen. Die unterschiedlichen Handhabungen bemerken die Kinder häufig bald von selbst. Und so kommen bei älteren Kindern Bilder zustande, die mit gemischten Materialien, z. B. Wachsmalstiften, Buntstiften und Filzstiften gezeichnet sind.

Wichtig beim Kauf von Wachsmalblöckchen und -stiften: Achten Sie auf einen hohen Anteil von Bienenwachs und gesundheitliche Unbedenklichkeit des Produktes!

Wasserfarben können bereits von Kindergartenkindern verwendet werden. Jedoch gebe man dem Kind einen dicken Pinsel zum Arbeiten und ein Tuch zum gelegentlichen Ausdrücken des Pinsels nach dem Ausspülen im Wasserglas. Es kann auf nassem und trokkenem Papier gearbeitet werden.

Den *Zeichenblock* gibt es in verschiedenen Größen und unterschiedlichen Qualitäten. Es genügt ein Block von einfachem (ungebleichten) Papier, auch Recyclingpapier. Für nasse Wasserfarben- und Aquarellbilder ist es besser, die üblichen Zeichenblöcke aus holzfreiem Papier zu verwenden oder spezielles Aquarellpapier.

Eine *Zeichen- und Malunterlage* ist ein stets empfehlenswertes und manchmal sogar notwendiges Utensil.

Die Unterlage sollte immer etwas größer als das Blatt Papier sein. Dadurch bleiben Möbel und Fußboden beim Übermalen des Blattrandes geschützt. Es gibt weniger Ärger und weniger zu putzen, und das ist sicher von Vorteil.

Beim Aquarellieren oder Wasserfarbenmalen sollte eine Unterlage immer benutzt werden. Speziell beim Naß-in-Naß-Malen ist eine glatte Unterlage aus dünnem, aber sich nicht verbiegendem Holz oder Preßpappe/Preßspan erforderlich. Bei dieser Technik wird die Zeichenunterlage mit einem Schwämmchen angefeuchtet, bevor man das eingeweichte und abgetropfte Blatt darauflegt. Strichweise fährt man dann mit dem Schwämmchen über das Papier und drückt es gleichmäßig an die Unterlage an. Das Bild läßt man bis zum völligen Abtrocknen auf der Unterlage.

Im Bastelgeschäft oder in der Schreinerei kann man sich nach eigenen Maßen Unterlagen zurechtschneiden lassen. Am besten wählt man gleich mehrere Unterlagen in verschiedenen Größen, damit man DIN-A3- und DIN-A4-Blätter verwenden kann.

Arbeitstechniken

1.–3. Lebensjahr

- Freies Malen und Hand- und Fußabdrücke herstellen mit Fingerfarben
- Freies Zeichnen mit weichem Bleistift und dicken Buntstiften
- Freies Zeichnen mit Wachsmalblöckchen (Bienenwachs)
- Freies Zeichnen mit dicken Wachsmalstiften (Bienenwachs, ohne Plastikumhüllung)

3.–5. Lebensjahr

- Aquarellieren
  Naß-in-Naß-Technik mit Wasserfarben:
  Dazu eine Unterlage mit feuchtem Schwamm abreiben, ein Blatt Zeichenblockpapier einmal kurz ins Wasser tauchen und dann auf die Unterlage legen, mit dem Schwämmchen glatt anstreichen, aber Vorsicht: Bei zuviel Darüberstreichen rubbelt das Papier auf. Einen breiten Pinsel im Wasserglas anfeuchten, auf einem danebenliegenden Läppchen eventuell leicht abtupfen, dann die Farbe aufrühren

und malen. Das Bild auf der Unterlage trocknen lassen. Falls das Papier sehr gewellt ist, kann man versuchen, es glattzubügeln.

Naß-in-Naß Technik mit Aquarellfarben (Stockmar): Zuerst das spezielle Aquarellpapier in der Spüle oder Schüssel wässern, mindestens 5 Minuten. Währenddessen die gewünschten Farben in kleinen Schnapsgläschen o.ä. anrichten (nur zwei oder drei Grundfarben) und die Unterlage mit einem nassen Schwamm anfeuchten. Dann das tropfnasse Papier mit dem Schwamm faltenlos auf die Unterlage streichen.

Außer dem vorbereiteten Blatt und den Farben braucht man nun noch einen breiten, flachen Pinsel, ein trockenes und saugfähiges Tuch und ein Glas Wasser. Das Wasser sollte man immer wieder erneuern.

Der Pinsel wird ins Wasser getaucht, am Tuch abgestreift, und Farbe aufgenommen. Wenn die Farbe auf das nasse Papier aufgetragen wird, verläuft sie sehr schnell. Nun den Pinsel ausspülen, abstreifen und neue Farbe aufnehmen. Nach und nach entsteht ein buntes Bild, die Randbereiche der Farben vermischen sich zu neuen Farben.

Farbübungen: Das angefeuchtete Schwämmchen fest ausdrücken und in die gewünschte Farbe geben, leicht ausdrücken und dann mit horizontalen Bewegungen das Blatt von oben bis unten einfarbig bemalen. Dann mit einem breiten Pinsel andere Farben in die noch nasse Grundfarbe tupfen oder tropfen. Das Blatt auf der Unterlage trocknen lassen. Wichtig! Auch für das Aquarellieren gilt: freier Umgang mit den drei Grundfarben. Das Kind sollte seine Bildmotive und Szenen frei wählen. Bitte das Kind nicht auffordern, einen bestimmten Gegenstand oder erzählerischen Inhalt wiederzugeben oder nachzumalen.

- Ausmalen in Malbüchern
  Möglichst wenig forcieren, eventuell das Kind selbst eine Form zeichnen und anschließend ausmalen lassen.

- Freies Zeichnen mit dicken Buntstiften, Wachsmalstiften und Wachsmalblöckchen.

- Freies Zeichnen mit Kreide auf die Tafel oder das Straßenpflaster.

- Kartoffeldruck
  Dabei muß ein Erwachsener oder ein größeres Kind helfen. Zuerst aus einem Kartoffelwürfel auf der Unterseite ein einfaches Motiv, z.B. Stern, Kreis, Dreieck u.ä., herausschneiden. Dann auf dieses Motiv mit einem Pinsel Farbe auftragen. Dann den Kartoffelwürfel wie einen Stempel aufs Papier drücken.

5.–7. Lebensjahr

- Ausmalen
  Wenn das Kind diese Beschäftigung bevorzugt, sollte man ihm Malbücher aussuchen, die inhaltlich und formal differenzierte Motive anbieten, z. B. Städtebilder und Landschaften, Szenen aus Zoo und Circus und ähnliches.

- Drucken
  Kartoffeldruck wie oben beschrieben;
  Korkendruck, statt der Kartoffel wird ein Sektkorken verwendet, das Schnitzen des Korkens muß jedoch vorerst noch ein Erwachsener übernehmen.

- Freies Zeichnen
  mit Wachsmalblöckchen und -stiften,
  mit dicken und dünnen Buntstiften,
  mit Wasserfarbe,
  mit Aquarellfarben.

- Malen nach Motiven
  Das Kind nimmt sich ein Bild aus einem Buch vor und versucht es abzumalen.

- Nachmalen, Kopieren, Durchpausen
  Dabei legt das Kind ein durchsichtiges Blatt Transparentpapier oder Pergamentpapier auf ein Motiv

und versucht, dieses mit Bleistift den Umrissen entsprechend durchzupausen. Für die Entwicklung des Zeichenvermögens stellt diese Arbeitstechnik ein Durchgangsstadium dar. Manchmal werden Kinder geradezu kopierbesessen. Oft tritt dieses Verhalten in schöpferischen Pausen zwischen zwei Entwicklungsphasen auf. Es besteht kein Grund zur Besorgnis darüber, daß ein Kind nun seine Phantasie verliert oder kreative Kräfte einbüßt. Oftmals sammeln sich die Kräfte gerade in diesen Zeiten der scheinbaren Inaktivität wie in einem Depot, um dann in einer neuen Entfaltungsfreude und Qualität hervorzubrechen. Außerdem vermitteln sich dem Kind beim Kopieren neue strukturelle Darstellungsmöglichkeiten. Manche Kinder produzieren auf diese Art »erfolgreiche« Bilder, wenn sie mit ihren anderen Zeichnungen nicht den gewünschten Erfolg haben. Damit das Durchpausen nicht zur bevorzugten Arbeitstechnik avanciert, brauchen Kinder Beachtung und Lob für ihre selbstgestalteten Bilder.

- Zauberbilder

Man braucht weißes, festes Papier oder auch weißen Bastelkarton. Mit verschiedenerlei Wachsmalblöckchen wird das weiße Papier nun flächig und vollständig bemalt. Es soll keine weiße Stelle mehr übrigbleiben. Dann wird mit dem schwarzen Farbblock eine schwarze Schicht über das gesamte bunte Bild aufgetragen. Im dritten Arbeitsgang ritzt man nun mit einem geraden, spitzen Hölzchen (z.B. Schaschlikspieß) Muster und Motive in die schwarze Fläche ein. Das eingekratzte Motiv erscheint darunter als bunte Linie oder Fläche. Ein derartiges Zauberbild, auf normalem Papier gefertigt, sollte auf die Fensterscheibe geklebt werden, denn da leuchtet es wie ein buntes Glasmosaik.

Ab dem 7. Lebensjahr

- Sämtliche oben beschriebenen Arbeitstechniken können nun bereits sehr selbständig durchgeführt werden.
  Der differenzierenden Arbeitsweise dieser Altersstufe können mit drei weiteren Techniken neue Möglichkeiten der Ausgestaltung angeboten werden.
  Bei dem einen handelt es sich um eine Art Abdruck, bei den anderen um eine Methode aus dem Siebdruck und die Bildcollage.

- Abdruck
  Das Kind wählt einen Gegenstand, dessen Struktur sich auf einem Blatt Papier abdrucken läßt, z.B. ein Blatt von einem Baum oder eine Blume. Dieser Gegenstand wird mit Wasserfarbe dünn bestrichen und auf ein Papier gedrückt. Danach kann der Abdruck zeichnerisch ergänzt werden. Beispielsweise zeich-

net man einen Baum, der nur aus Stamm, Zweigen und Ästen besteht. Das Laub des Baumes wird aber nicht gemalt, sondern entsteht eben durch die Abdrücke von den echten Blättern, wie eben beschrieben.

- Collage
  Darunter versteht man ein künstlerisches Produkt aus verschiedenartigem Material.
  Wenn z. B. die Blätter des Baumes nicht, wie oben beschrieben, als Abdruck ausgeführt, sondern wenn echte Blätter an die gemalten Zweige geklebt werden, dann handelt es sich um eine Bildcollage.
  Jedoch möchte ich hier noch auf eine andere Möglichkeit hinweisen.
  Unter den Kindern in den unteren Grundschulklassen stehen Aufkleber und selbstklebende Bilder hoch im Kurs. Collagen aus diesen »Abziehbildern« und einer Rahmenzeichnung sind sehr beliebt (Abb. 45).

- Siebdruck
  Man benötigt eine großzügig mit Zeitung abgedeckte Arbeitsfläche, einen borstigen Pinsel, ein feines (Tee-)Sieb und Wasserfarben, außerdem ein Blatt Papier und einen Gegenstand zum Abdecken eines Motivs oder einer Fläche auf dem Papier. Dafür eignen sich ein Blatt vom Baum oder auch ausgeschnittene Formen wie Kreis, Dreieck, Recht-

eck usw., aber es kann auch ein Haus oder ein Mensch aus Papier ausgeschnitten und auf das weiße Blatt plaziert werden.
Dann nimmt man das Sieb zur Hand, hält es über das abdeckende Motiv und kratzt mit den zuvor eingefärbten Pinselborsten derart in dem Sieb, daß die Farbe durch die kleinen Löcher auf das Blatt spritzt. Es können auch mehrere Farben übereinander gespritzt werden. Man läßt die Wasserfarbe trocknen und hebt den abdeckenden Gegenstand hoch. Aus dem bunt bespritzten Blatt tritt das Motiv nun deutlich hervor. Jetzt kann das Kind dieses Motiv strukturieren, differenzieren und farblich ausgestalten.

Wichtig: Ein Kind, das sich kreativ beschäftigt hat und uns nun das Ergebnis seiner Arbeit vorzeigt, hat ein kräftiges Lob verdient. So fühlt es sich bestätigt und ermuntert zu neuen Werken!

Zur zeichnerischen Entwicklung bei Kindern mit Handicap

Es gibt Kinder, die im Verlaufe ihres ersten Lebensjahrzehnts erkranken und eine zeitweilige oder dauerhafte geistige, körperliche, seelische oder soziale Beeinträchtigung erleiden.

Es gibt aber auch Kinder, die bereits mit einem Handicap zur Welt kommen. Schon bald nach der Geburt wird eine körperliche oder geistige Behinderung diagnostiziert. Auf die Entfaltung dieser Kinder beziehen sich die folgenden Anmerkungen.

Auf die Entwicklungsdarstellung bei Kindern mit später erworbenem Handicap muß hier aus unterschiedlichen Gründen verzichtet werden, auch liegt mir nicht genügend Bildmaterial vor, um Schlußfolgerungen zu ziehen. In dem vorliegenden Buch wird lediglich aufgezeigt, in welcher Weise körperliche und geistige Entwicklungsschritte mit den zeichnerischen Fortschritten in der kindlichen Bildersprache korrelieren.

Solch ein Wechselspiel von Bildgestaltung und entwickelten Fertigkeiten und Fähigkeiten erleben wir auch beim von Geburt an behinderten Kind.

Das an seinem Körper, an seinen Sinnen oder in seiner Intellektualität beeinträchtigte kleine Kind hat einige Schwierigkeiten, die Umwelt und sich selbst zu erfahren. Darin unterscheidet es sich von einem nichtbehinderten Kleinkind. Seine Entwicklung wird langsamer und mit anderen Schwerpunkten erfolgen, aber sie wird ebenfalls voranschreiten und das Kind auf seinem individuellen Weg Erfahrungen sammeln lassen.

Behinderte Kinder, die nicht unter schwersten Beschädigungen ihres Gehirns oder Nervensystems zu leiden haben, unterliegen – sofern sie im rechten Maß Zuwendung und Förderung erhalten – zweifellos einem Prozeß der voranschreitenden Reifung wie andere Menschen auch.

Dessen sollten sich Eltern und erwachsene Freunde behinderter Kinder immer gewiß sein und darin keine Zweifel kennen.

Von grundsätzlicher Wichtigkeit erscheint jedoch der Maßstab, an dem der Fortschritt in der Entwicklung gemessen werden kann. Hier beginnen die Schwierigkeiten. Denn ein wie auch immer gehandicaptes Kind kann zwar an der Norm gemessen werden, aber damit wird man seiner gesamtpersönlichen Entwicklung nicht gerecht. In gleicher Weise, wie seine Schwierigkeiten ermittelt werden, ist herauszufinden, über welche Fertigkeiten das Kind bereits verfügt. Von diesen wiederum ist auszugehen bei der Ausarbeitung von Übungsanweisungen und Trainingsprogrammen in der Frühförderung.

Kindern, denen es aufgrund biologischer oder psychischer Voraussetzungen nicht möglich ist, in ihrer Entwicklung entsprechend der altersgemäßen Norm voranzuschreiten, bedürfen spezifischer Hilfsangebote, die auf ihre persönliche Problematik abgestimmt sind.

Es gilt nicht, die besonderen Anforderungen zu verleugnen oder zu beschönigen, vor die Eltern mit der Erziehung ihres behinderten Kindes gestellt sind. Es setzt sicher eine besonders intensive Zuwendung voraus, wenn ein solches Kind sich optimal entwickeln soll. Aber der Lohn ist überwältigend! Wie soll man die Freude des Kindes beschreiben, das sich seiner neu erarbeiteten und nun zur Verfügung stehenden Fertigkeiten hingibt? Und wie die Freude der Eltern (Erzieher)? Kinder mit Handicap bedürfen wie andere Kinder auch einer Erziehung zur Selbständigkeit. Man tut ihnen nichts Gutes, wenn man ihnen alle Schwierigkeiten aus dem Weg räumt. Auch behinderte Menschen gewinnen durch vollbrachte Leistungen an Selbstvertrauen und Lebensfreude.

Ein behindertes Kind muß sich zahlreiche Fertigkeiten und Handgriffe mühsam erarbeiten. Um so beglückender ist dann die Beherrschung derselben.

Um einen Rahmen abzustecken, in dem ein Kind gefördert und gefordert werden kann, muß zuallererst eine möglichst genaue Diagnose erfolgen, die auch über die persönlichkeitsformende Art und Weise der Behinderung Auskunft gibt. In den ersten zwei Lebensjahren lernen Eltern (Erzieher/Freunde) im engen Körper- und Sozialkontakt mit dem Kind seine Möglichkeiten und Realitäten kennen. Wichtig ist es, sich über das individuelle Ausmaß der Schwierigkeiten, die ein Kind hat, klarzuwerden.

Folgende Fragen bedürfen einer Antwort:
Wie steht es mit der optischen Wahrnehmung (Sehen)?
Wie steht es mit der akustischen Wahrnehmung (Hören)?
Wie steht es mit der Körpermotorik (Körperkontrolle)?
Wie steht es mit der Handmotorik (feines Handgeschick)?
Wie verläuft die psychosoziale Entwicklung (Sozialkontakt)?
Welchen Stand weist die sprachliche Entwicklung auf?

Ein hilfreiches System zur Ermittlung der Stärken und Schwächen eines Kindes mit einer Vielzahl übungstherapeutischer Vorschläge wurde von Frau Dr. Gertrud Ohlmeyer entwickelt und veröffentlicht. Sie ist selbst Mutter zweier behinderter Kinder, und aus eigener Betroffenheit und Praxis entstand das Buch »Frühförderungsprogramme für behinderte Kinder (0–6)«.

Eltern und Erzieher können mit Hilfe dieses Buches selbst herausfinden, welche speziellen Sinnes- und Bewegungsfunktionen mit einem Kind geübt werden müßten, um seine sinnliche Wahrnehmung, seine Sprache und seine physische Geschicklichkeit zu aktivieren.

Eine frühe, kontinuierliche Förderung dient nicht dem Zweck, das Kind »auf normal zu trimmen«. Sie zielt vielmehr auf die optimale Entfaltung der dem Kind verbliebenen Möglichkeiten ab, damit es in seiner Entwicklung voranschreiten kann. Denn jede neue Entwicklung im Menschen hängt davon ab, ob in ihm eine andere Fähigkeit gereift ist. Reifen und Lernen bedingen einander, sind voneinander abhängig. Die Entwicklung der Sprache folgt beispielsweise der Reifung der Körperbeherrschung, oder: Handgeschicklichkeit und Muskelbeherrschung ermöglichen erst den Akt des Malens oder Schreibens.

Verfehlt erscheint eine globale, unspezifizierte Förderung, da sie oft in Überforderung ausartet. Es genügt, den individuellen Entwicklungsstand eines Kindes zu analysieren und diesen sodann mit entsprechend zusammengestellten Übungen zu unterstützen. Derart werden noch unentfaltete Entwicklungsbereiche stimuliert, und dem Kind eröffnen sich »neue Welten«.

Für den Lebensweg eines jeden Menschen ist es von großer Bedeutung, welche sensomotorischen und psychosozialen Fertigkeiten ihm zur Verfügung stehen, um den Alltag befriedigend zu bewältigen. Ohne Aktivierung in verschiedenen Bereichen bleiben behinderte Kinder von mancher Entwicklung ausgeschlossen, die sie andernfalls absolvieren würden.

Aber nicht nur die Kinder profitieren von gezielten Übungen, sondern auch die Eltern, die ihr Kind ja eines Tages ins Leben entlassen müssen. Und dies wird ihnen in dem Maße leichterfallen, wie sie sich der optimal entwickelten Möglichkeiten ihres Kindes gewiß sein können.

Viele gehandicapte Kinder vollziehen Entwicklungsabschnitte langsamer oder zu späteren Zeitpunkten als ihre Altersgenossen. Das bedeutet in der Realität ein Auseinanderklaffen von biologischem Alter und Intelligenzalter. Dies zeigt sich auch bei der Entfaltung der kindlichen Zeichensprache und Bilderschrift.

Die langandauernde Phase des Kritzelns geht über in das bewußte Zeichnen von Formen, wenn die Entdeckung des Ich und der Umwelt voranschreitet.

Für eine Interpretation der Bilder fehlen bei einem spracheingeschränkten Kind oft die Anhaltspunkte, da auf seine kommentierenden Äußerungen verzichtet werden muß. Bei der Betrachtung unkommentierter Bilder kann man sich von den Elementen der kindlichen Bildersprache (siehe Kap. 2) leiten lassen und von den farblichen Strukturen und Kompositionen.

Die Bedeutungsfülle einer Zeichnung wird anschaulicher, wenn man dem Kind beim Zeichnen Gesellschaft leistet. Hier gilt das gleiche wie beim nichtbehinderten Kind: bestätigende (evtl. schweigende), nicht leistungsfordernde, beobachtende Teilnahme am Prozeß der Bildgestaltung.

Der Entstehungszusammenhang eines Bildes – also die Biographie einer Zeichnung – sagt über die Situation eines Kindes mindestens so viel aus, wie es seine zeichnerischen Linien und Strukturen vermögen.

Aus den Selbstbildnissen gehandicapter Kinder erschließt sich dem einfühlsamen Betrachter manche Problemlage. Wenn wir die Abbildungen 46 und 47 auf uns wirken lassen, spüren wir deutlich die sehr unterschiedlichen Intensionen dieser Ich-Darstellungen.

Abbildung 46 stammt von einem intellektuell gut entwickelten, durch Contergan geschädigten zehnjährigen Mädchen, das nur über ein einziges, an der Schulter angewachsenes Fingerglied verfügt und alle Tätigkeiten mit den überaus geschickten Füßen verrichtet. Davon erzählt dieses Bild.

Auf Abbildung 47 stellt ein elfjähriges Kind sich selbst und seine Problematik dar. Diese besteht darin, Sinneseindrücke und Umweltreize, von denen es sich chaotisch überflutet fühlt, einzuordnen. Lärm und plötzliche Geräuscheinwirkungen erfüllen das Kind mit Angst und können akustisch nicht eingeordnet werden. Der Kopf ist als zentrales Organ zur Aufnahme solcher äußeren Einwirkungen dargestellt. Jedoch sind weder das Gesicht noch der Rumpf oder die Gliedmaßen mit Eigenheiten ausgestattet. Übermächtig und alle anderen Entwicklungen behindernd, steht derart die gestörte Wahrnehmung im Mittelpunkt der kindlichen Erlebniswelt.

Bei behinderten Kindern, deren sprachliches Vermögen zur Bilderklärung nicht ausreicht, bietet sich dennoch die Methode des freien Zeichnens als eine

Möglichkeit der Offenlegung von Entwicklungsvorgängen an. Betrachten wir die Abbildung 28! Sie stammt von einem geistig behinderten siebenjährigen Mädchen. Es zeichnet sich mit Sensoren ausgestattet in den Bildmittelpunkt und kommentiert auf diese wortlose Art seine derzeitige Situation.

In den Zeichnungen eines Kindes/Menschen befindet sich das »Abbild seines Zustandes« (S. Freud), das heißt: Innere Vorgänge des Menschen finden sich in seinen bildhaften Entäußerungen wieder.

Auch dem nichtsprachlichen (nonverbalen) Verhalten während des Zeichnens ist dabei bedeutende Aussagekraft zuzumessen. Mag es nicht die Sprache sein, so läßt doch die Körperhaltung, der Grad an Konzentration oder Zappeligkeit, die Benutzung von Farben und Themen Rückschlüsse zu, die leichter zu finden sind, je mehr Bildproduktionen man von ein und demselben Kind begleitet hat.

Eltern sind hier im Vorteil gegenüber Kindergarten und Schule, wenn sie ihr Kind von Anfang an während der Zeichenprozesse begleitet haben.

Bei der Bildinterpretation freier Zeichnungen ist von der direkten Deutung einzelner Bildmerkmale oder auch Bilder abzusehen. Das heißt, man muß das Kind nicht nur oberflächlich, sondern tiefgreifend kennen. Man muß mehrere seiner Bilder (Serien) im ganzen unter Reflexion der feinmotorischen Fertigkeiten und des Sprachvermögens beurteilen.

Die Ermittlung des Intelligenzgrades eines Kindes

anhand seiner Zeichnungen ist fragwürdig, weil ausschließlich Leistung und nicht die Persönlichkeit des Kindes gemessen werden. Von Testverfahren, die der intellektuellen Einstufung dienen, ist eher abzuraten. Sie sind wenig aufschlußreich, was die tatsächliche Situation des Kindes anbelangt.

Es sind nicht nur behinderte Kinder, die in derartigen Untersuchungen nicht in der Lage waren oder sich weigerten, ihr vorhandenes zeichnerisches Vokabular nachweislich einzusetzen und überprüfbar zu machen.

Natürlich ist auch dieses Verhalten interpretierbar, aber es gewährt keinen Einblick in die Qualitäten eines Kindes.

Die Entwicklungslinie der Zeichnungen gehandicapter Kinder verläuft ebenfalls von der Darstellung des Abstrakten in Richtung des Konkreten.

Über die Grundzeichen wie Punkt, Gerade und Krumme gelangt es zum Kritzeln und zur schematischen Darstellung geometrischer Grundformen wie Kreis, Kreuz, Rechteck, Quadrat, Dreieck, Oval usf. Anschließend werden diese Grundzeichen und Schemata miteinander kombiniert und schließlich zur Bildung ornamentaler oder gegenständlicher Darstellungen verwendet. Die einzelnen Phasen unterscheiden sich bezüglich Dauer und Intensität und Art und Ausmaß der Behinderung.

Eltern betrachten das gelegentliche »Zurückfallen« ihres Kindes in die Kritzelstufe oder eine andere bereits als bewältigt angesehene Phase mit Unbehagen und Sorge. Sie bekommen Angst, die Entwicklung ihres Kindes würde stagnieren oder nach rückwärts tendieren.

Hierzu ist zu überlegen, daß ein Kind – und nicht nur das behinderte – Entwicklungen auf vielerlei sehr unterschiedlichen Gebieten vollzieht. Wenn es in einem Bereich (z.B. Sprache) Fortschritte macht, ruht häufig die Entwicklung in anderen Bereichen (z.B. Körperkontrolle). So sind möglicherweise auch Rückfälle in überwundene Phasen durch innovative Prozesse auf anderen Gebieten bedingt. Bedenken wir, daß auch für uns Erwachsene die Kritzelphase nicht vollends abgeschlossen ist. Wie anders wären die Krakeleien auf Zetteln und Heften zu erklären, die von jung und alt gleichermaßen mit Vorliebe beim Telefonieren aufgezeichnet werden. Oder zitieren wir die Graffiti an öffentlichen Wänden (U-Bahn-Stationen, Brückenpfeilern, Aufzügen). Auch diese Werke der Kritzelkunst künden von der Lust am anarchischen Zusammentreffen von Bewegung und einer leeren Fläche (anstelle eines weißen Blattes Papier).

Das Kritzeln als grafische Urgebärde bleibt allen Menschen als elementare »Äußerung« zeit ihres Lebens erhalten. Deswegen besteht in der Regel kein Grund zur Besorgnis, wenn ein Kind Malweisen vorhergehender Epochen wiederholt.

Bibliographie und Abbildungsnachweis

Bender, Gabriele: So erlebe ich meine Welt. Bilder und Geschichten eines behinderten Mädchens. Herausgegeben von Christof Wunderlich. Freiburg 1986.

Bettelheim, Bruno: Ein Leben für Kinder. Stuttgart 1987.

Ders.: Kinder brauchen Märchen. München 1988.

Blume, Christhilde: Kleinkinderzeichnungen – Spiegel der Entwicklung, betrachtet vom Kinderarzt. Stuttgart 1976.

Grozinger, Wolfgang: Kinder kritzeln, zeichnen, malen. München 1952.

Hafner, German: Kreta und Hellas, Kunst im Bild. Baden-Baden 1968. Abb. 15, ebd., S. 16.

Karutz, Richard: Die Ursprache der Kunst. Stuttgart 1967.

Koch, Rudolf: Das Zeichenbuch. Leipzig 1936.

Lusseyran, Jacques: Das wiedergefundene Licht. München 1989.

Meyers, Hans: Die Welt der kindlichen Bildnerei. Witten 1957.

Mitgutsch, Waltraud A.: Leistung und autoritäre Erziehung. In: Miteinander, 3. Jg., Heft 3, Linz 1988, S. 23 ff.

Morris, Desmond: Die Entwicklung des Zeichnens beim Kleinkind, Biologie der Kunst. Düsseldorf 1969.

Ohlmeyer, Gertrud: Frühförderungsprogramme für behinderte Kinder (0–6). Dortmund 1979.
Strauß, Michaela: Von der Zeichensprache des kleinen Kindes. Stuttgart 1983.
Torbrügge, Walter: Europäische Vorzeit, Kunst im Bild. Baden-Baden 1968. Abb. 6a–c, ebd., S. 134; Abb. 22, ebd., S. 133; Abb. 24, ebd., S. 83; Abb. 25, ebd., S. 56.
Wildlöcher, Daniel: Was eine Kinderzeichnung verrät. Herausgegeben von Jochen Stork. München 1974.